CONVITE À REFLEXÃO

a FILOSOFIA da FISIOCRACIA

Metafísica, política, economia

Thiago Vargas

70

A FILOSOFIA DA FISIOCRACIA
METAFÍSICA, POLÍTICA, ECONOMIA

AUTOR: Thiago Vargas

DIRETOR DA ALMEDINA BRASIL: Rodrigo Mentz
EDITOR: Marco Pace
EDITOR DE DESENVOLVIMENTO: Rafael Lima
ASSISTENTES EDITORIAIS: Larissa Nogueira e Letícia Gabriella Batista
ESTAGIÁRIA DE PRODUÇÃO: Laura Roberti

COORDENAÇÃO EDITORIAL: Milton Meira do Nascimento
REVISÃO: Sônia Maria dos Reis
PROJETO GRÁFICO ORIGINAL: Marcelo Girard / IMG3
FINALIZAÇÃO: Roberta Bassanetto

ISBN: 9786554270861
Maio, 2023

Dados Internacionais de Catalogação na Publicação (CIP)
(Câmara Brasileira do Livro, SP, Brasil)

Vargas, Thiago
A filosofia da fisiocracia: metafísica, política,economia /
Thiago Vargas. -- 2. ed. -- São Paulo:
Edições 70, 2023.

ISBN 978-65-5427-086-1

1. Economia 2. Filosofia 3. Metafísica 4. PolíticaI. Título.

23-148968 CDD-100

Índices para catálogo sistemático:

1. Filosofia 100

Eliane de Freitas Leite - Bibliotecária - CRB 8/8415

Este livro segue as regras do novo Acordo Ortográfico da Língua Portuguesa (1990).

EDITORA: Almedina Brasil
Rua José Maria Lisboa, 860, Conj.131 e 132, Jardim Paulista
01423-001 São Paulo | Brasil
www.almedina.com.br

Para Bárbara

Sumário

Introdução

A Filosofia como oficina de conceitos econômicos

A segunda metade do século XVIII é considerada pelos historiadores do pensamento econômico como o período de emergência da economia política moderna.[1] Esse consenso, no entanto, é permeado por um intenso debate não apenas sobre os débitos que a economia possuiria junto aos outros campos de conhecimento, mas sobretudo em que consistiram essas dívidas e o quão pertinente estas seriam para a reconstituição da própria história da disciplina. Esta disputa, por sua vez, implica em uma reflexão sobre os aspectos capazes de oferecer uma unidade cientí-

1 Citemos aqui os cursos de 1977-1979 de Michel Foucault; a obra de historiadores do pensamento econômico como Joseph Schumpeter ou Jean-Claude Perrot; os trabalhos de filósofas como Céline Spector, Catherine Larrère ou Francine Markovits, e de Pierre Rosanvallon ou Arnault Skornicki. Sobre o projeto comum da economia política clássica, vide *Lições de economia política clássica*, de Maurício C. Coutinho.

fica à economia frente à variedade de seus discursos, isto é, sobre os princípios, postulados, métodos e limites que definem e distinguem uma prática científica de outras. Em poucas palavras, a história do pensamento econômico necessariamente se defronta com problemas de epistemologia. Jean-Baptiste Say, já na primeira metade do século XIX, expressava de forma clara essas preocupações, afirmando ser necessário distinguir a economia do passado da ciência econômica moderna que despontava e buscava definitivamente se estabelecer enquanto ciência positiva.[2]

Mesmo levando em conta as complexidades e singularidades envolvidas nessa discussão, não parece haver espaço para dúvidas que, se a economia pôde consolidar-se como um campo autônomo de conhecimento no século XIX, isto se deu graças aos sistemas filosóficos elaborados no século anterior.

De fato, nesse período da modernidade foi empreendido um enorme esforço coletivo de pensamento no qual filósofos de diversos países se dedicaram a refletir sobre uma dupla questão. A primeira, como as trocas econômicas poderiam, valendo-se de modelos e analogias tiradas das ciências naturais, tornar-se um paradigma para as práticas políticas e sociais, de modo a beneficiar o governo, as sociedades e os indivíduos que as compõem. A segunda diz respeito a uma concepção sobre a natureza e suas

2 Cf. SAY, "Histoire abrégée des progrès de l'économie politique", 1837.

interações com o social, ponderação que desaguará sobre novas perspectivas acerca das noções de abundância, escassez, prosperidade, frugalidade, divisão do trabalho, produtividade e riqueza da uma nação, dentre outras. No fundo, ambas as indagações dizem respeito às reflexões sobre os regimes políticos e as formas materiais de organização social, bem como uma discussão filosófica sobre as paixões e os interesses, a lei e a liberdade, o governo e os súditos.

Partindo de uma perspectiva metodológica partilhada tanto pela história da filosofia quanto por certas correntes da história do pensamento econômico, é judicioso adotarmos uma dupla cautela ao lermos os textos de economia concebidos ao longo da Ilustração. Por um lado, se formularmos a questão em termos dicotômicos entre *economia* e *filosofia* estaremos desde logo pressupondo a existência de duas disciplinas diferentes, uma distinção que, a rigor, inexistia no século XVIII. Mas, se ao nos depararmos com possíveis anacronismos apenas assumíssemos uma recusa ou hesitação a analisar os pontos de transição, isso seria simplesmente ignorar um importante processo de transformação da linguagem política e científica ocorrida neste período. Assim, por outro lado não devemos esquecer o crescente interesse da modernidade, através de um empenho efetivado por filósofos como Bacon, Descartes e Locke em realizar uma reflexão, divisão e explicação detalhada sobre os conhecimentos humanos, visando não somente tornar a árvore dos saberes mais frondosa e organizada, mas fazendo com que nela se pudessem fazer ver ou vicejar novos ramos e galhos, como os da economia. Nesse sentido, o resultado ou o exemplo mais ilustrativo desse esforço foi o projeto da *Enciclopédia*, levado a cabo por Diderot e d'Alembert.

Diante desse contexto, duas figuras são comumente alçadas à posição de destaque. A primeira e mais célebre é Adam Smith, professor de filosofia moral na Universidade de Glasgow, autor de *A teoria dos sentimentos morais* (1759) e *Uma investigação sobre a natureza e as causas da riqueza das nações* (1776). A segunda, a fisiocracia, grupo de economistas franceses liderados por François Quesnay. Todavia, se há um consenso em torno dos méritos de Smith, é importante notarmos que a história do pensamento econômico em geral atribui um lugar ambíguo à fisiocracia, vista ora como mera curiosidade pré-clássica, ora como corrente fundadora da moderna ciência econômica; ora ingênuos defensores da teoria da exclusividade da agricultura, ora geniais formuladores da circulação do capital; ora veementes apoiadores de um governo despótico, ora notáveis anunciadores do liberalismo econômico. Estas descrições são sempre acompanhadas de uma nota sobre a vertiginosa ascensão e queda da fisiocracia, surgida em meados de 1750, atingindo o seu auge em 1767 para, já na década seguinte, encontrar seu crepúsculo e tornar-se um acontecimento do passado.

Esse diagnóstico hesitante não eclipsa, entretanto, aquilo que autores tão diferentes como Karl Marx[3], Joseph Schumpeter[4] e Ronald Meek[5] puderam, cada qual à sua maneira, constatar: a fisiocracia representa um acontecimento crucial para a compreensão da esfera do econômico e seu funcionamento. De fato, os fisiocratas não apenas se dedicaram a entender as leis de circulação das riquezas e realizar teorias sobre o social, sobre a produtividade e sobre o desenvolvimento, como foram os primeiros a se autointitularem *economistas* e a formarem uma escola que tinha exatamente a pretensão de fundar uma *ciência nova*.

Contudo, para nós, leitores e leitoras contemporâneos, estes epítetos podem ser enganosos, uma vez que tais rótulos significam coisas muito diferentes das quais poderíamos inicialmente imaginar. Por isso, convém desde logo indagarmos o que exatamente a fisiocracia entendia por *economia* e por *ciência*.

3 "A análise do *capital*, dentro do horizonte burguês, foi essencialmente realizada pelos fisiocratas. Essa contribuição faz deles os verdadeiros pais da economia política moderna" (MARX, "Theories of surplus value", p. 352).

4 Cf. Parte II, Cap. 4, de SCHUMPETER, *A history of economic analysis* (2006), especialmente as páginas 229 e seguintes.

5 "O nascimento da fisiocracia foi, na verdade, o nascimento da ciência econômica na forma geral em que ela chegou até nós atualmente" (MEEK, *The economics of physiocracy*, p. 9)

Veremos que uma primeira abordagem a este problema imediatamente nos conduzirá a dois outros que precisarão ser previamente respondidos: primeiro, a importância na noção de *evidência* e do conhecimento da *ordem natural* para a economia da fisiocracia; segundo, o papel que o *direito natural* e as *leis naturais* desempenham para a formulação dos conceitos econômicos de Quesnay. Talvez estejamos adiantando dificuldades que somente serão esclarecidas ao final da leitura deste livro, e nos parágrafos seguintes colocaremos algumas questões que ainda não poderão ser satisfatoriamente respondidas. No entanto, essas mesmas indagações, de início sem respostas conclusivas, servirão desde logo para ressaltar que, ao começarmos pela explicação do que é fazer "ciência" e "economia" no século XVIII, já estaremos dando os primeiros passos para compreender de que modo a fisiocracia se define como um sistema filosófico dotado de conceitos com acepções e significados próprios, um edifício de pensamento sustentado por dois pilares: um *metafísico* e outro *político*.

Em outras palavras, ao explicarem o que entendem por *ciência econômica*, os fisiocratas exigirão dos leitores um conhecimento prévio sobre as noções básicas que compõem seu *corpus* filosófico. Basta visitarmos qualquer texto da escola para logo termos uma ideia das dificuldades envolvidas. Vejamos, por exemplo, a definição de Guillaume-François Le

Trosne, na qual se enfatiza a importância da noção de ordem: "não sendo a ciência econômica outra coisa senão a aplicação da ordem natural ao governo das sociedades, ela é tão constante em seus princípios e tão suscetível de demonstração quanto as ciências físicas mais seguras".[6] *Aplicação da ordem natural ao governo das sociedades*: essa formulação, considerada isoladamente, explica pouca coisa sobre o que de fato seria esta ciência econômica defendida pelos fisiocratas.

Para aumentar o embaraço, é preciso não somente compreendermos cada um dos termos da definição, mas também relacioná-los a um campo abrangente de conceitos oriundos da filosofia política moderna. Essa ligação foi muito bem identificada por Schumpeter, que qualifica "a ordem natural" de Quesnay como "um dos ramos do tronco da lei natural"[7], associando a fisiocracia aos grandes sistemas de direito natural. Dessa forma, será preciso entendermos como a economia política fisiocrática se desdobra a partir de sua teoria jusnaturalista. Uma boa ilustração dessa associação é encontrada em uma troca de correspondências entre Pierre Samuel Du Pont de Nemours, um dos mais notáveis membros da escola fisiocrática, e o já mencionado economista Jean Baptiste-Say.

6 LE TROSNE, *De l'utilité des discussions économiques*, p. 26.
7 SCHUMPETER, *A history of economic analysis*, p. 134.

Em uma carta datada de 22 de abril de 1815, Du Pont de Nemours faz uma série de repreensões a Say, autor do *Tratado de economia política*. Dentre as advertências, o fisiocrata o admoesta por não ter reconhecido Quesnay como um grande filósofo, tendo sido qualificado no *Tratado* tão somente como "médico". Em uma série de elogios a Quesnay, Du Pont de Nemours é enfático ao apontar que a ciência da economia política não se restringe aos cálculos relativos à ciência da riqueza, mas, antes, que esta é propriamente um ramo da economia política e que deve se regrar de acordo com preceitos fundados na *ordem natural*. Em outras palavras, a ciência da riqueza seria apenas um dos braços de um campo maior e mais importante de conhecimento, cujo fundamento se assenta no reconhecimento da existência de determinadas leis naturais, de uma teoria filosófico-política na qual o governo assume o papel de reconhecer, declarar e positivar a lei natural, favorecendo o bom funcionamento do corpo político e da economia. Vejamos como o fisiocrata adverte Say:

> "Haveis reduzido muito a extensão da economia política ao tratá-la somente como a *ciência das riquezas*. Ela é a *ciência do direito natural* aplicado, como deve sê-lo, às sociedades civilizadas. Ela é a *ciência das constituições*, que ensina e ensinará

não somente o que os governos não devem fazer por seu próprio interesse e pelo de suas nações, ou de suas *riquezas*, mas aquilo que eles não devem *poder diante de Deus*, sob pena de merecer o ódio e o desprezo dos homens, o destronamento durante a sua vida, e, após sua morte, o sangrento flagelo da história".[8]

A polêmica entre Du Pont de Nemours e Say é de notável importância por expor, de um lado, os desígnios de uma corrente filosófica que visava forjar o nascimento da economia e, de outro, por nos revelar um momento de transição. Ela permite, enfim, situarmos a distância que marca a fisiocracia das doutrinas políticas anteriores e, ao mesmo tempo, bem precisar suas diferenças em relação à economia política que viria a se consolidar no século XIX. Eis o que está em jogo: a indissociabilidade entre a economia e o conjunto de saberes de sua época, além do próprio estatuto e envergadura da economia política, compreendida doravante como ciência.

Quesnay, e talvez ainda mais enfaticamente seus seguidores, são taxativos quanto a extensão de seu empreendimento: após arrolar alguns problemas e indagações sobre o conhecimento das *leis físicas*, da *ordem*, da *sociedade de todo gênero humano*, Nicolas Baudeau, escrevendo para o tomo primeiro

8 NEMOURS, *De l'origine et progrès d'une science nouvelle*, p. 397.

de 1767 do jornal *Efemérides do cidadão*, publicação fisiocrática que circula entre 1765 e 1772, assevera que "os desenvolvimentos e soluções destas grandes e sublimes questões formam as ciências *morais e políticas* mais úteis", questões a serem satisfatoriamente desvendadas pela "ciência econômica".[9] Nesse sentido, a ambição fisiocrática era a de estabelecer princípios gerais e evidentes para a análise dos fenômenos econômicos, mas sempre levando em conta a moral e a política; pretendia, com isso, consolidar-se como *ciência* de grande alcance.

Fiquemos com um último exemplo tirado dos textos. Já pudemos vislumbrar que no momento em que a fisiocracia pretende se afirmar como ciência, devemos entender sobretudo que ela tinha ambições de ser uma ciência moral e política capaz de elaborar uma teoria social fundada nas noções de *natureza* e de *ordem*. A explicação dessa ordem consistira, segundo o abade Nicolas Baudeau, na exposição das "leis físicas" e do "curso da natureza e sua revolução anual", tudo aplicado à "ordem política". Baudeau define a fisiocracia como uma "doutrina *moral e política* dos princípios constitutivos da *ordem*", e afirma que mesmo o *Quadro econômico*, representação emblemática da teoria econômica fisiocrática, é sobretudo um instrumento de explicação da ordem natural, que visava fazer avançar a teoria moral e po-

9 BAUDEAU, "Avertissement de l'auteur", p. 6.

lítica elaborada por Quesnay. Vejamos as próprias palavras de Baudeau a esse respeito:

> "Os conhecimentos políticos, durante muito tempo incertos, problemáticos e arbitrários, parecem enfim formar, em nossa época, um corpo de ciência exata, indubitável, demonstrativa, apoiada sobre a evidência. Tudo parece prometer a essa ciência tão simples quanto sublime uma estabilidade à toda prova e, talvez, sucessos inesperados. Uma única fórmula (...) pinta diante de olhares perplexos todos os princípios da *ordem social*, ou da *filosofia política*, contidos em uma demonstração aritmética que se vê e se verifica em um único golpe de vista. (...) O *Quadro econômico* faz as ciências morais e políticas caminharem a grandes passos em direção ao seu aperfeiçoamento, pois ele torna perceptível e palpável todas as regras da *ordem* e todas as suas consequências".[10]

Assim, quando a fisiocracia descreve a si mesma como uma *ciência nova*, devemos entender por isso uma ambição filosófica ampla, destinada a explicar o funcionamento do mundo e de suas leis, incluindo a esfera social, política, econômica e comportamental dos indivíduos, abordando todos esses elementos sob

10 BAUDEAU, "Avertissement de l'auteur", p. 22-24.

a perspectiva de uma natureza totalizante. Se até o momento poucas consequências foram tiradas das definições de Le Trosne, Du Pont e Baudeau acima evocadas, elas, no entanto, servem a um duplo propósito. Primeiro, ilustram as enormes dificuldades a serem enfrentadas ao lermos diretamente os textos de economia francesa do século XVIII, que pressupõem um conhecimento do contexto em que foram escritos, além de certas precauções metodológicas. Segundo, colocam os desafios de entendermos plenamente a economia política fisiocrática sem que antes estejamos familiarizados com o vocabulário que a organiza e a estrutura. Buscando de uma só vez solucionar esse duplo problema – histórico e lógico –, este livro tem como propósito justamente o de ser um estudo sobre a *filosofia da fisiocracia*.

Logo, o objetivo deste livro não é fazer um exame detido sobre a teoria econômica fisiocrática e tampouco refletir sobre o estatuto científico ou analítico da economia. Nosso intuito é destacar os aspectos *filosóficos* que permitiram a formação de um sistema, de um corpo conceitual e de uma gramática para a economia no momento de seu nascimento. O "retorno à filosofia" aqui apresentado visa, na realidade, ser uma condição de possibilidade para compreendermos o que de fato a economia é (e qual lugar ela ocupa) na doutrina da fisiocracia. Em outras palavras, com isso propomos que seja adotada uma via mais instigante para se avaliar essa relação, isto é, ao invés de assumir-se a perspectiva que ressalta o processo de emancipação da economia em relação às outras ciências e saberes, convidamos os leitores e leitoras a refletirem sobre o momento de gestação dos conceitos econômicos pelo ventre da filosofia. Se formos bem sucedidos, poderemos a partir disto não somente ter exposto uma parte das relações entre a história do pensamento econômico e a história da filosofia, mas também disporemos de mais instrumentos para identificar alguns pressupostos conceituais elaborados na Modernidade e que continuam a ser adotados pelo pensamento econômico contemporâneo.

Este livro é dividido em quatro capítulos. No primeiro realizaremos uma trajetória intelectual e bibliográfica de François Quesnay, considerado como o fundador da fisiocracia. Com isso, pretendemos conduzir leitores e leitoras simultaneamente a uma histórica cronológica da formação de conceitos e a uma constituição da fisiocracia enquanto escola. Privilegiaremos a vida de Quesnay, mas não negligenciaremos fisiocratas importantes como Mirabeau, Du Pont de Nemours, Baudeau e Le Mercier de la Rivière. Isso nos permitirá melhor contextualizar como a fisiocracia foi também uma tentativa de intervenção no debate intelectual sobre a agricultura, o comércio e a economia política que ocorria no século XVIII. No segundo capítulo nos concentraremos em explicar as noções de *evidência* e de *ordem natural*, dois conceitos essenciais para a teoria do conhecimento elaborada por Quesnay e fundamentais para compreendermos *como* as leis da economia poderão ser apreendidas. É esta reflexão sobre as condições para o conhecimento dos funcionamentos da natureza, base fundamental para o estabelecimento de uma *ciência nova*, aquilo que chamamos de *metafísica fisiocrática*. No terceiro e no quarto capítulo nos consagraremos ao estudo do *direito natural* até chegarmos à *formação dos conceitos de economia política*. Este passo é crucial para compreendermos de que modo noções como propriedade, governo, legislação, interesses e classe, e também outras como produto líquido, produtividade, esterilidade, trabalho e agricultura, formam um rigoroso *sistema filosófico* no qual metafísica, política, moral e economia são mobilizados para explicar as leis de uma ordem natural física totalizante. Por fim, esta ordem alcançará sua mais lapidar explicação através de uma representação geométrica e visual: o *Quadro econômico*.

Capítulo I

François Quesnay: fundador de uma *ciência nova*

O interesse em recapitularmos a vida de Quesnay não se justifica por uma mera curiosidade biográfica. É certo que um texto com tal intuito seria muito bem-vindo, uma vez que em português ainda são poucos os escritos que se dedicam a examinar em detalhes a ascensão de Quesnay enquanto filósofo, médico e economista junto à corte de Luís XV e ao círculo de pensadores europeus.

Todavia, ao destacarmos sua trajetória intelectual, enfatizando primeiramente seus escritos médicos e filosóficos, para somente então chegarmos aos econômicos, buscaremos realizar uma dupla tarefa: a primeira, a de melhor inseri-lo no fértil contexto intelectual de meados do século XVIII, explicitando suas pretensões quando ele intervém no debate público de ideias; a segunda, a de demonstrar que essa recapitulação das obras anteriores à 1760 – a década de ouro da fisiocracia – é fundamental para compreendermos plenamente o material que permitiu a construção da *ciência nova*.

Mais do que isso, pretendemos mostrar como se formou uma *escola*: privilegiaremos não somente a trajetória de Quesnay, mas também a grande importância de seus discípulos, e examinaremos alguns escritos publicados por Le Mercier, Du Pont de Nemours e Mirabeau, em obras que merecem nossa atenção. Afinal, a fisiocracia, orquestrada sob a batuta de Quesnay, é na verdade formada por um *conjunto de intelectuais politicamente engajados em defender e desenvolver uma teoria filosófica*. Por fim, essa história deverá também servir de apoio para ilustrarmos e reforçarmos alguns argumentos que serão apresentados neste livro. Uma biografia social e intelectual de Quesnay e dos principais membros da escola que ele fundou poderá, assim, revelar-se instrutiva para os nossos propósitos.

De camponês autodidata a médico do rei

François Quesnay nasceu em 4 de junho de 1694, na pequena comuna de Méré. De origem modesta, sua família descendia de camponeses normandos que por algumas gerações havia se estabelecido na região da Île-de-France. Nicolas Quesnay e Louise Giroux, pais de Quesnay e de outras 12 crianças, sustentavam a numerosa família através da agricultura e do comércio.

Desde pequeno Quesnay travou contato direto com as dificuldades impostas ao cultivo da terra e aos trabalhos exigidos pela administração e comércio de mercadorias. A família de François esperava que o caçula dos homens da família auxiliasse nos trabalhos práticos e agrícolas realizados na pequena propriedade e, por este mesmo motivo, acabaram por negligenciar a educação formal do filho.

Quesnay, que não frequentou a escola e aprendeu a ler muito tardiamente, iria se revelar um autodidata. Atribui-se a um jardineiro da localidade o primeiro estímulo que recebeu às letras e às ciências, sobretudo aos primeiros textos sobre agricultura e medicina: dele recebeu um exemplar de *Agriculture et Maison rustique* ("Agricultura e casa rústica"), livro do século XVI escrito pelo médico Charles Estienne, com adições posteriores do também doutor em medicina Jean Liébaut. Era improvável que um camponês de origem modesta e de família pouco influente pudesse até mesmo sonhar em se tornar médico, mas o livro abordava temas que certamente causaram grande fascínio no jovem François Quesnay: o texto continha não somente orientações para maior sucesso no plantio e da colheita, mas também diretrizes para o melhor tratamento de animais, tais como os cavalos, e algumas receitas botânicas para o tratamento de variados males, tais como a febre, desmaios, tosse, dores de cabeça e de estômago. Havia ali uma visão abrangente sobre a administração de uma propriedade rural e parecia, afinal, que a ciência médica poderia de alguma maneira contribuir para a melhoria da vida e da produtividade no campo.

Com a morte de seu pai, em 1707, Quesnay começa a cogitar consagrar-se à prática da cirurgia, mais acessível do que a medicina. Aos 13 anos, toma suas primeiras lições com um cirurgião local sem formação e cujos conhecimentos haviam sido obtidos puramente através da observação empírica. Sentindo falta de uma abordagem teórica da profissão e decidido a se aprofundar nos estudos, Quesnay parte para Paris, mas combinando com sua mãe que encontraria, no meio tempo necessário para sua formação, uma maneira de se sustentar na capital. Assim, aos 17 anos Quesnay se tornou aprendiz de gravador – profissão então em moda em Paris –, sob a orientação de Pierre de Rocherfot, gravador do rei, obtendo posteriormente o grau de mestre de ofício. Nesse meio tempo frequentou aulas de medicina e cursos de cirurgia, período em que aproveitou, como também o fizeram as melhores cabeças do Iluminismo, para se lançar ao estudo dos mais diversos campos de conhecimento, tais como a química, a botânica, a anatomia e a filosofia. Com 24 anos, finalmente ganha carta de autorização para realizar cirurgias, casa-se com Jeanne-Catherine Dauphin e se estabelece em Mantes, recebendo ofícios de cirurgião real em 1723.

Durante boa parte de sua juventude, Quesnay foi um *cirurgião*, categoria então considerada inferior à classe dos *médicos*, pois vista como menos complexa e como um conhecimento puramente prático, desprovido de qualquer estofo intelectual. Todavia, Quesnay sempre foi um grande defensor da dignidade de sua profissão; desde que se mudara para Mantes, dedicara-se a examinar e escrever textos sobre os direitos dos cirurgiões. Sua verdadeira celebridade virá após vencer uma querela contra Jean-Baptiste Silva, médico ligado a Sorbonne e com bom trânsito na corte e na nobreza de Paris. Tratava-se de uma disputa sobre a sangria, e as refutações de Quesnay aos princípios de Silva, que envolveram experimentos hidráulicos para a análise da circulação do sangue, foram publicadas em 1730 com o título de *Observações sobre os efeitos da sangria*.

Em 1744, já participando como secretário na Academia de Cirurgia a convite de François Gigot de la Peyronie, primeiro cirurgião do rei, Quesnay publica com outros colegas a coletânea *Investigações críticas e históricas sobre a origem, os diversos estados e os progressos da cirurgia na França*.

Não obstante sua apaixonada defesa pelos cirurgiões, classe à qual nunca deixaria de prestar elogios, no mesmo ano uma grande mudança ocorre: em 9 de setembro de 1744, Quesnay torna-se médico pela universidade de Pont-à-Mousson e, em 1749, tem sua carreira médica ligada à madame Pompadour, influente cortesã e entusiasta do círculo de intelectuais franceses denominados *philosophes*. Quesnay terminará, enfim, por oferecer conselhos médicos ao próprio rei Luís XV.

Ao longo do período anterior à década de 1750, não há dúvidas que a obra mais importante de Quesnay, cujos impactos poderão ser observados em maior ou menor medida em seus escritos filosóficos e econômicos, é o *Ensaio físico sobre a economia animal*, publicado em 1736 e reeditado com consideráveis adições em 1747. Muito lido e comentado quando do segundo lançamento, com este livro Quesnay ajudava a difundir, na França, as ideias do médico holandês Hermann Boerhaave. Aqui apenas nos importa ressaltar que esse é o escrito no qual Quesnay expõe pela primeira vez algumas noções caras à sua teoria do conhecimento, como o conceito de *evidência*, bem como faz considerações sobre as *leis naturais*, dois eixos que sustentarão todo o edifício de pensamento fisiocrático. Voltaremos a este texto no momento oportuno.

É, portanto, em meados de 1740 que os escritos médicos de Quesnay, bem como seus textos em defesa dos cirurgiões começam a ser lidos e comentados pelo círculo de intelectuais parisienses, passando a receber os primeiros apoios expressos de figuras importantes como Denis Diderot, filósofo editor da *Enciclopédia*.

A estreia na literatura econômica: as colaborações para a Enciclopédia

Quesnay, retratado como um homem reservado e culto, sempre muito cioso com o dinheiro que ganhava, alimentava suas pretensões de ascensão social e soube muito bem utilizar sua temperança e gênio para galgar um lugar junto à corte. Após se mudar para Versailles, em 1749, a convite da madame de Pompadour, Quesnay torna-se confidente da marquesa e rapidamente conquista a confiança do rei Luís XV. Chamado por alguns de "um pensador na corte", evitava o tanto quanto possível as intrigas do círculo da nobreza. Foi nessa época em que escreveu suas últimas obras de medicina e passou a dedicar-se com afinco aos estudos de economia e de filosofia.

Seu reconhecimento intelectual e seu prestígio junto ao rei logo lhe renderam frutos. No início da década de 1750 Quesnay entra para a *Académie des Sciences*, em Paris, e na *Royal Society*, em Londres. Com fácil trânsito entre os *philosophes* graças à marquesa de Pompadour, Quesnay é apresentado a Denis Diderot e Jean Le Rond d'Alembert, responsáveis pela *Enciclopédia*. Além disso, tornou-se conhecido de outras mentes brilhantes que se dedicavam a uma infinidade de assuntos, como, por exemplo, Étienne Bonnot de Condillac, que já havia então publicado as importantes obras *Ensaio sobre a origem dos conhecimentos humanos* (1746) e *Tratado dos sistemas* (1749); Charles-Georges Leroy, tenente das caças reais em Versalhes, escritor para a *Enciclopédia* e autor das *Cartas filosóficas sobre os animais* (1768); ou ainda Jean-Bernard Le Blanc, conhecido como abade Le Blanc, tradutor dos textos políticos e econômicos de David Hume e frequentador do círculo de economistas próximos a Vincent de Gournay.

É nesse contexto que Quesnay, convidado a fazer suas primeiras contribuições para a *Enciclopédia*, inaugura sua carreira de economista e lança definitivamente as bases da *metafísica* fisiocrática. Destaquemos que, entre 1756 e 1760, Quesnay escreve ainda outros trabalhos encomendados pelos enciclopedistas, mas estes textos acabaram por não figurar em nenhum tomo da obra. Tais são os casos, por exemplo, de um longo e importante artigo chamado *Homens* (redigido por volta de 1757, mas cuja primeira publicação se realizou apenas em 1908 por Étienne Bauer na *Revue d'histoire des doctrines économiques et sociales*) ou do verbete *Função da alma*, cujo manuscrito continua perdido (na introdução do sexto tomo da *Enciclopédia*, os verbetes *Evidência* e

Função da alma são listados dentre as contribuições anônimas). A não divulgação se deu seja por motivos editoriais, por decisões de caráter pessoal ou por reservas políticas do próprio autor, pois lembremos que *Enciclopédia* teve sua publicação proibida e que alguns de seus autores foram presos. É certo que, frequentando o círculo do rei, Quesnay, zelando sua reputação, não queria se indispor com a corte.

Vejamos do que tratam os textos de fato publicados, sabendo que voltaremos a eles com mais detalhes ao longo dos próximos capítulos. O primeiro texto econômico de Quesnay intitula-se *Arrendatários (economia política)*, publicado em 1756 no sexto tomo da *Enciclopédia*, seguido por sua segunda contribuição à economia, o verbete *Grãos (economia política)*, figurando no sétimo tomo, no ano de 1757. Os verbetes estabelecem uma distinção entre a "grande cultura" e a "pequena cultura". A primeira utiliza a força dos cavalos para lavrar a terra, conta com os adiantamentos feitos pelos ricos *arrendatários*, é muito produtiva e mais lucrativa, rendendo mais trigo e estimulando o trabalho. Se pudermos utilizar um termo atual para explicar esta primeira situação, o arrendatário tem *capital e liberdade econômica* para investir no campo. Na segunda, denominada "pequena cultura", o cultivo é realizado com a força bovina, mais lenta e menos produtiva. Além disso, os *meeiros* não possuem dinheiro para fazer os investimentos necessários e, assim, acabam por dividir seus produtos com o proprietário e desestimulam o trabalho. Em poucas palavras, o meeiro tem uma relação de *dependência* com o proprietário.

Embora para o leitor contemporâneo essa ponderação entre o cultivo com cavalos ou bois possa parecer curiosa ou anacrônica, é importante notar que Quesnay não estabelece uma simples distinção entre duas formas de produção. Como nos lembram Philippe Steiner e Rolf Kuntz, Quesnay apresenta uma reflexão sobre as relações de produção e as formas de organização social do trabalho no campo, além de propor-se a pensar sobre uma teoria do desenvolvimento. Esse último ponto é importante e irá se relacionar com o conceito de *produto líquido*, conforme veremos no capítulo sobre a política fisiocrática.

As duas intervenções econômicas de Quesnay, considerado até então como o prudente e erudito médico da corte, podem ser compreendidas sob diversos aspectos. Lembremos, por exemplo, seu longo contato e interesse com as questões de agricultura e de comércio de produtos agrícolas, bem como de suas primeiras leituras sobre a melhor maneira de administrar uma propriedade rural. Além disso, podemos destacar, a partir de uma célebre frase de Voltaire, a crescente importância concedida pelos intelectuais às reflexões sobre agricultura e economia política na segunda metade século XVIII: "por volta de 1750, a nação, farta de tragédias, comédias, óperas (...) decide, enfim, a pensar sobre o trigo".[1] Quesnay, médico que nutria ambições filosóficas, não poderia deixar de oferecer ao público suas reflexões sobre o tema.

Existem, porém, razões mais profundas que explicam sua estreia na literatura econômica. Com os verbetes para a *Enciclopédia*, Quesnay buscava realizar uma intervenção no debate público, tomando partido ao opor-se às políticas de viés mercantilista que advogavam por interferências e restrições que dificultavam a vida do comerciante agrícola; afinal, as ideias colbertistas ainda exerciam grande influência sobre ministros e intelectuais franceses. Como afirma Catherine Larrère em seu clássico livro sobre a emergência da economia política, "fazer economia na França do século XVIII é, evidentemente, uma forma de fazer política".[2] Essa tomada de posição nos permite finalmente trazer à luz a justificativa teórica por trás de sua estreia na economia: refletindo sobre a subsistência do corpo da nação, o fisiocrata arriscava seus primeiros passos em uma investigação sobre a geração da riqueza, sobre os desenvolvimentos necessários para o aumento da produtividade e sobre as relações sociais de produção. Com isso, Quesnay

1 VOLTAIRE, "Blé (Dictionnaire Philosophique)", p. 41.
2 LARRÈRE, *L'invention de l'économie au XVIIIe siècle*, p. 7.

acabava por anunciar as primeiras linhas de um programa político e filosófico que encontrava apoio em uma teoria sobre as leis econômicas: considerando o campo como a primeira e verdadeira fonte de riquezas, ele defendia que o agricultor deveria ser visto como um *empreendedor* que necessitava de dinheiro e tecnologia para melhorar a produção e aumentar seus lucros; isto faria com que os recursos circulassem naturalmente, com que o trabalho fosse estimulado e, finalmente, com que a pobreza e a fome fossem combatidas. Para isso, era importante oferecer *liberdade* ao comércio de grãos: "não são simplesmente as boas ou más colheitas que regulam o preço do trigo; é principalmente a liberdade ou a opressão no comércio desse gênero que decide o seu valor"[3], escreve Quesnay. Nesse sentido, uma análise sobre a função fiscal do Estado, na qual se inclui uma teoria sobre os impostos e as taxas, será um fator essencial para a construção do pensamento fisiocrático.

Contudo, é importante destacarmos que expressão *laissez-faire, laissez-passer*, frequentemente utilizada para descrever a fisiocracia, pode ser enganosa. Veremos mais adiante que isso não significa dizer que o governo deva ser *mínimo* ou negligente em relação à economia e ao mercado (na realidade, o regime político defendido pelos fisiocratas será o *despotismo legal*, cujo modelo exemplar era a China),

3 QUESNAY, OC, I, *Fermiers*, p. 149.

mas sim que a política deixa de ser o registro do *conflito ou do consenso* para ser do registro *da técnica e do conhecimento*: o governante deve compreender e obedecer as leis físicas inscritas na ordem natural, e aplicá-las sobre a ordem social.

Finalmente, não podemos nos esquecer do verbete *Evidência (metafísica)*, publicado no mesmo ano e tomo da *Enciclopédia* que o verbete *Arrendatários*. No próximo capítulo leremos detidamente o texto, ocasião em que examinaremos em detalhes alguns aspectos da metafísica da fisiocracia; mais especificamente, esclareceremos os principais pontos de sua teoria do conhecimento. Podemos no momento adiantar que, quanto à *metafísica* da fisiocracia expressa no verbete *Evidência*, devemos compreender essa palavra no sentido abrangente que ela possuía durante toda a modernidade. Apontemos brevemente que a metafísica compreendia o estudo sobre a origem, o progresso e a organização das ideias e do conhecimento, e que esta ciência travará relação direta com concepções acerca da *natureza e de uma investigação sobre as suas operações*. Trata-se, afinal, de uma das bases de sustentação de grande parte dos sistemas filosóficos do século XVIII.

Tendo em vista o percurso de Quesnay no mundo das ciências e das letras, e considerando que *Arrendatários*, *Grãos* e *Evidência* foram escritos e publicados na mesma época, podemos desde já vislumbrar sua verdadeira ambição: a construção de uma filosofia na qual *metafísica e política* formarão, juntas, a base de um rigoroso sistema. E esse conjunto coerente de ideias seria capaz de explicar, através de uma reflexão sobre a ordem da natureza, as leis de circulação e de reprodução de todas as coisas. A fisiocracia encontrava-se, portanto, próxima de seu nascimento.

A ascensão dos economistas: a consolidação da fisiocracia

Para constituir uma escola, Quesnay precisava formar discípulos e criar um entorno de letrados e de pessoas influentes capazes de difundir as ideias fisiocráticas que ainda estavam em fermentação. E, de fato, logo após as primeiras contribuições para a *Enciclopédia* Quesnay forjará uma sólida parceria que daria fôlego para a formação de seu grupo.

Victor Riqueti de Mirabeau, conhecido como marquês de Mirabeau, vinha de uma família de nobres que serviam militarmente ao rei. Mas o marquês, interessado em filosofia e debruçado sobre textos de agricultura e economia política, buscava se integrar à sociedade letrada da França e dar suas contribuições ao debate público. Leitor de Montesquieu, autor da obra *Do espírito das leis* (1748), e de Richard Cantillon, economista autor do

Ensaio sobre a natureza do comércio em geral (de 1755, embora Mirabeau tivesse acesso ao manuscrito anos antes da publicação), Mirabeau publica *O amigo dos homens, ou tratado sobre a população* em 1756, mesmo ano da estreia de Quesnay na literatura econômica. Nesta obra, o marquês alçava a agricultura como elemento primordial para o crescimento populacional (um dado que, no século XVIII, era considerado como signo de aumento das riquezas e da prosperidade de uma nação). A aproximação entre Mirabeau e Quesnay foi rápida e indefectível, e o autor dos verbetes econômicos da *Enciclopédia* logo passou a exercer grande influência intelectual sobre o marquês.

A partir de 1757, a escola em formação passa a contar com a frequência de Pierre-Paul Le Mercier de la Rivière, apresentado, por intermédio de Quesnay, à madame de Pompadour, que logo lhe consegue um cargo de intendente na Martinica. Próximo de Diderot, Le Mercier se tornaria também o principal ideólogo político da fisiocracia. A publicação de *A ordem natural e essencial das sociedades políticas* (1767), será um marco para a fisiocracia, e explicará de forma sistemática e detalhada os fundamentos políticos e jusnaturalistas da escola. Voltaremos a este importante texto no capítulo sobre a política fisiocrática. Nessa mesma época, ainda em 1757, Quesnay se aproxima de Anne Robert Jacques Turgot, futuro controlador geral das finanças de Luís XVI. Embora Turgot não tenha propriamente se filiado à fisiocracia, foi simpatizante de muitas das ideias de Quesnay.

Na falta de um corpo de publicações e ainda com um incipiente entorno de intelectuais interessados em escutá-lo, Quesnay precisava difundir de modo decisivo o que seria em breve chamado de *ciência nova*. Afinal, como fazer com que suas ideias sobre a organização econômica da sociedade, dentro de uma concepção sobre a ordem natural do mundo e das coisas, pudessem ser expressas de uma forma ao mesmo tempo clara, rigorosa e tão irrefutável quanto as certezas matemáticas?

No ano de 1758, com a fisiocracia ainda pouco consolidada e tendo como núcleo fixo apenas Mirabeau e Quesnay, é publicada a primeira versão do *Quadro econômico*. O *Quadro*, como não cansarão de repetir futuros discípulos tais como o abade Nicolas Baudeau, é uma representação econômica da ordem natural; ele concentra elementos fundamentais de um sistema filosófico no qual noções como propriedade, agricultura, despesas produtivas, despesas estéreis, circulação, dentre outras, formam um conjunto coerente de conceitos que se relacionam entre si. Portanto, com os ziguezagues que nos guiam pelo funcionamento econômico da sociedade, o *Quadro* não se apresenta meramente como uma descrição analítica ou como uma tentativa de intervenção no debate público sobre a economia política: ele o *principal fiador de uma tese filosófica*. Trata-se, enfim, de um produto de pensamento típico da modernidade e, sobretudo, do Iluminismo francês: cuidando de seu caráter pedagógico e visando ser compreensível para um público amplo, ele busca instruir e fazer progredir o conhecimento geral sobre o mundo e sobre a natureza das coisas. O projeto de Quesnay se provaria um triunfo, pois o *Quadro* não somente foi intensamente debatido em sua época, tendo recebido sucessivas reedições ao longo dos anos, como também foi o documento que garantiu o lugar da fisiocracia na posteridade.

Embora a empreitada de Quesnay percebesse considerável sucesso, naquele momento parecia mais importante continuar a constituir um corpo doutrinário para a fisiocracia. E, de fato, a consolidação e o auge da escola ocorrerão após o lançamento do *Quadro*, isto é, na década de 1760, período em que verificaremos uma profusão de obras, textos e artigos de jornais publicados pelos fisiocratas.

No ano de 1760, Mirabeau publica a *Teoria do imposto*, escrito com o auxílio direto de Quesnay (que, no entanto, não assina o livro). A obra, que trata de questões relativas à função fiscal do Estado, valeu a Mirabeau uma temporada na prisão de Vincennes. Em 1763, Mirabeau publica *Filosofia rural*, com um lapidar subtítulo sobre o projeto fisiocrático: *economia geral e política da agricultura, reduzida à ordem imutável das leis físicas e morais que asseguram a prosperidade dos impérios*. O livro, que vinha sendo redigido desde 1760 e contém capítulos inteiramente escritos por Quesnay (que, novamente, não assina a obra), contém em seu frontispício uma imagem do *Quadro econômico*.

No mesmo ano de lançamento da *Filosofia rural* junta-se à dupla Quesnay e Mirabeau um nome responsável por tornar a fisiocracia verdadeiramente uma escola amplamente difundida. Encarregado de organizar, coligir e editar os textos do pai da fisiocracia, Pierre Samuel Du Pont de Nemours se revelará como um dos mais fervorosos defensores de Quesnay. Apresentado à madame de Pompadour por Quesnay e logo elevado ao cargo de secretário examinador de finanças, Du Pont de Nemours publica, já sob a tutela do médico da marquesa, *Da exportação e importação dos grãos* (1764).

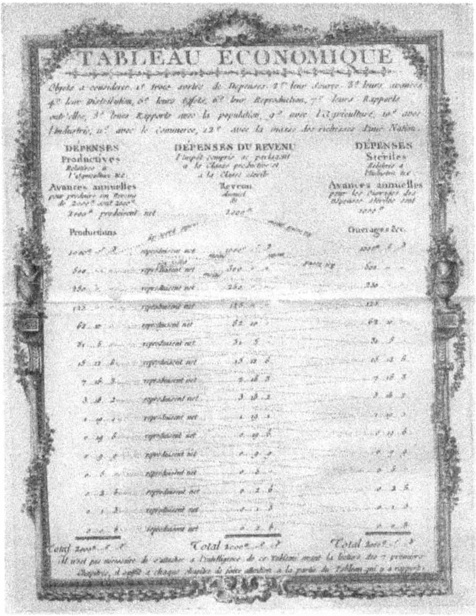
TABLEAU ECONOMIQUE

DÉPENSES Productives

DÉPENSES DU REVENU

DÉPENSES Stériles

Avances annuelles

Revenu

Avances annuelles

Productions

Uma das versões do Quadro Econômico (frontispício de Elementos de Filosofia Rural, de 1767).

Nos anos subsequentes os fisiocratas ganham cada vez mais adeptos. Um momento importante foi quando criaram, em 1765, um suplemento de jornal chamado *Jornal da agricultura, do comércio e das finanças*. Editado por Du Pont de Nemours, e com artigos em que Quesnay assinava com pseudônimos, no jornal foram publicados diversos textos fundamentais da fisiocracia, como, por exemplo, a *Análise da fórmula aritmética do Quadro Econômico* ou as *Observações sobre o direito natural dos homens reunidos em sociedade*. Em seguida, em 1765, Le Trosne e o abade Baudeau aderem ao grupo. Nicolas Baudeau, que dirigia o jornal *Efemérides do cidadão*, cede a publicação aos fisiocratas e transfere a coordenação da edição para Du Pont. *Efemérides*, cuja atividade perdurou até 1772, tornou-se o principal veículo de divulgação das ideias fisiocráticas.

É na sequência desse período que chegamos a 1767, o "ano de ouro" da fisiocracia. Vejamos alguns exemplos. O *Despotismo da China*, escrito por François Quesnay (sob a assinatura de "M.A."), foi originalmente publicado nas *Efemérides* entre março e junho daquele ano. Disponibilizado em capítulos, o *Despotismo* aborda noções essenciais da filosofia fisiocrática, desenvolvendo conceitos tais como as leis físicas, a evidência, ordem natural, dentre outros. Texto esclarecedor e sistemático, apresenta o entendimento e o uso que Quesnay faz da doutrina do direito natural. Este texto, posteriormente organizado por Du Pont de Nemours em livro, inspirará diretamente a obra de Le Mercier de la Rivière, *A ordem natural e essencial das sociedades políticas* (depois de servir na Martinica, Le Mercier retornara para a França alguns anos antes da publicação). Sua obra, escrita sob os auspícios de Quesnay e recebida com elogios por Diderot, apresenta a quase totalidade o sistema filosófico da fisiocracia. Muito lida e comentada, *A ordem natural e essencial* polemizava com outras obras políticas de sua época, tais como *Do contrato social*, de Rousseau, publicada em 1762 (Rousseau conhecia muitos textos da fisiocracia, e Mirabeau chegou até mesmo a tentar, sem sucesso, converter o célebre filósofo de Genebra para a escola fisiocrática). Certamente os textos políticos de Quesnay e Le Mercier também receberam duras críticas, a principal vindo da pena do abade Mably com seu livro *Dúvidas colocadas aos filósofos e aos economistas sobre a ordem natural e essencial das sociedades políticas* (1768). Ainda em 1767 foi publicado nas *Efemérides* um trecho de *Elementos da filosofia rural*, de Mirabeau, com importantes contribuições de Quesnay, texto que visava dar publicidade à fisiocracia. Nesse mesmo ano, os fisiocratas passaram a realizar cursos abertos ao público e promover encontros semanais. Além disso, dado o sucesso das *Efemérides do cidadão*, aumentou-se a tiragem do jornal.

Por fim, uma obra crucial aparece em 1767: *Fisiocracia, ou constituição natural do governo mais vantajoso ao gênero humano*. Organizada por Du Pont de Nemours e publicada em dois volumes, trata-se de uma coletânea de escritos de Quesnay, então aumentados, revistos, reestruturados e com um escrito inédito (*Segundo problema econômico*). A obra é precedida por um *Discurso do editor* em que Du

Pont, além de realizar uma síntese da fisiocracia, oferece aos leitores os critérios que seguiu para coligir os artigos. Certamente Quesnay havia seguido de perto a compilação feita por seu discípulo, e é significativo que Du Pont tenha alçado o jusnaturalismo como o primeiro e mais importante ponto da doutrina. Como veremos em detalhes, o direito natural forma, junto com a metafísica, o núcleo do sistema filosófico da fisiocracia.

Com a coletânea de 1767, Du Pont de Nemours é o primeiro a oficialmente selar o batismo da Fisiocracia. Trata-se de uma composição de duas palavras de origem grega: *physis*, a natureza, e *kratos*, o poder ou a autoridade, isto é, o *Governo da natureza*. O fisiocrata também foi o responsável por qualificá-la de *Science nouvelle* – isto é, *Ciência nova*. O termo surgiu a partir do texto *Da origem e progressos de uma ciência nova*, apresentação de Du Pont de Nemours ao livro de Le Mercier de la Rivière.

A queda da fisiocracia se deu tão rapidamente quanto a sua ascensão. São múltiplos os fatores capazes de explicar este declínio: os ataques e detratores que naturalmente emergiram após a "febre dos economistas" de 1767; o encerramento das atividades das *Efemérides do cidadão* no ano de 1772; o desânimo com a demora ou pretensos erros nas aplicações práticas da doutrina econômica fisiocrática; o insucesso de Turgot frente à controladoria geral de finanças de Luís XVI entre os anos de 1774 e 1776.[4]

Além disso, já no final da década de 1760 Quesnay começara a deixar de lado os escritos de economia para se dedicar à matemática e à geometria. Em 1773 publica *Investigações filosóficas sobre a evidência das verdades geométricas*, livro que reunia textos matemáticos escritos alguns anos antes. A obra foi mal recebida não somente entre matemáticos do porte de D'Alembert, mas também causou desconforto dentro do próprio círculo fisiocrático.

Antes de nos encaminharmos para o final deste capítulo, é importante destacarmos que nessa obra sobre geometria o problema do *conhecimento* ainda se fazia muito presente. Em outras palavras, isso é um forte indício que as questões epistemológicas – para ficarmos com um termo contemporâneo – apresentam-se como um tema persistente na trajetória intelectual de Quesnay, atravessando todo o seu o universo textual. Enfim, nas *Investigações* lemos a seguinte advertência: "não devemos estender nossas pesquisas para além dos limites que nos são prescritos pela Natureza" e, mais adiante, que "o principal objeto que temos em vista nestas pesquisas geométricas é a evidência, que deve em tudo caracterizar a certeza de nossos conheci-

4 Embora Turgot não fosse um fervoroso partidário de Quesnay, era sem dúvida visto como ligado e influenciado pelos fisiocratas. David Hume, em sua correspondência com o colega francês, inclusive deixou expressa essa preocupação.

mentos". Isto demonstra que em sua última publicação em vida, Quesnay, como assim o fez em boa parte de sua obra, busca se afastar das "suposições ideais da teoria abstrata" para fundar um conhecimento alicerçado nos sentidos: "não há evidência, para nós, que aquela decidida pelos sentidos".[5]

Quesnay falece em 16 de dezembro de 1774, dois dias após o rei Luís XVI colocar a pedra fundamental no edifício da Escola de Cirurgia de Paris.

Medicina, metafísica, política: a trajetória para a economia

Este resumo da vida e obra de Quesnay retrata, portanto, a figura de um indivíduo inteligente e sagaz, hábil a se inserir no mundo das letras e a frequentar os círculos importantes de Paris. Com sua influência junto à marquesa de Pompadour, conseguiu com que seus discípulos ocupassem relevantes cargos administrativos no governo e nas finanças, trilhando caminhos na máquina do Estado para a aplicação das ideias fisiocráticas; logrou, ainda, fundar uma sólida escola de pensamento que, com preocupações teóricas, não deixava de buscar intervir na vida prática. Mesmo que algumas nuances e diferenças possam ser levadas em conta, é possível enxergarmos a fisio-

5 QUESNAY, *Recherches philosophiques sur l'évidence des vérités géométriques*, p. II-VI.

cracia e seus diferentes autores e obras sob o prisma de uma unidade, cuja coerência e princípios orbitam em torno das ideias lançadas por seu idealizador, François Quesnay. Essa fidelidade doutrinária foi percebida por autores da época, como David Hume, que se refere à fisiocracia como um "séquito".[6]

Aqui importa dizer que a trajetória de Quesnay nos revela sobretudo um intelectual obstinado, atento às questões de sua época, alguém que não se furtava em adquirir conhecimento sobre as mais variadas ciências de seu tempo – o que certamente lhe garantirá um estoque de ideias que facilitará transposições e analogias entre campos aparentemente tão distintos como a medicina e a economia. Por fim, sua história nos permite desde já vislumbrar que, junto aos estudos filosóficos e às abstrações exigidas para a construção de uma *ciência nova*, a longa prática e a consistente inclinação experimental *do cirurgião e do médico* proveniente de Méré não poderiam tão facilmente deixar de reverberar nos textos do *economista* Quesnay.

Há, por fim, uma discussão sobre qual seria efetivamente a dimensão das analogias médicas na obra fisiocrática (e uma outra disputa, paralela a esta, sobre o papel das sensações e da metafísica na teoria do conhecimento de Quesnay), mas esta querela interpretativa não será, aqui, objeto de nossas aten-

6 HUME, "Letter to Morellet", p. 205.

ções.[7] Apoiados numa leitura próxima dos textos, parece-nos suficiente que vejamos a seguir de que modo, na *metafísica* que oferece uma das bases sobre as quais o pensamento fisiocrático poderá se erigir, os escritos de medicina adiantam noções fundamentais para compreendermos as condições de possibilidade para conhecermos as leis físicas na natureza que, em última instância, poderão nos informar sobre as leis da economia.

7 Para os leitores e leitoras interessadas em se aprofundar nessa discussão, recomendamos a leitura de *La « Science nouvelle » de l'économie politique*, de Phillipe Steiner, no qual se sustenta que os escritos médicos de Quesnay tiveram pouca influência sobre seus escritos econômicos e no qual a fisiocracia pende mais ao sensualismo de Locke e Condillac do que à metafísica de Malebranche. Para um contraponto a esta interpretação, conferir os textos de Rolf Kuntz e Luiz Roberto Monzani na qual a obra econômica de Quesnay é vista sob o prisma da continuação de seu pensamento médico e na qual se enfatiza a influência do "ocasionalismo" na teoria do conhecimento fisiocrática. Voltaremos a esses problemas mais adiante. Ver também o artigo "Malebranche revisité: l'économie naturelle des physiocrates", de Catherine Larrère. Por fim, conferir o texto "Quesnay, disciple de Malebranche", de Akiteru Kubota, na coletânea das obras de Quesnay, da Ined, na edição de 1958. Conferir ainda os livros citados nas *Recomendações de leituras*.

Capítulo II

Economia, um problema de metafísica?

Por que iniciar um estudo de uma escola conhecida por sua teoria econômica por um exame relativo à *metafísica*? Essa escolha é respaldada no próprio *corpus* filosófico da fisiocracia, embora também veremos que alguns de seus partidários, como Du Pont de Nemours, insistirão em alçar a política e o direito natural ao primeiro plano da doutrina. No entanto, é importante notarmos que a economia política elaborada por Quesnay, compreendida como um pensamento que repousa sobre fundamentos abstratos e elementares que compõem uma ciência sobre a *ordem natural*, somente poderá derivar suas reflexões a partir de uma teoria do conhecimento que estabeleça determinados princípios constituintes da própria ciência a ser elaborada e de seu método científico.

Para introduzirmos o problema *metafísico* de uma forma mais clara e compreensível, adotaremos o seguinte procedimento: uma leitura atenta dos textos que acompanhe a formação dos conceitos paralelamente à cronologia de publicação das obras. Assim, é adequado começarmos pelo *Ensaio físico sobre a economia animal* e pelo verbete *Evidência*, um filosófico e denso texto em que Quesnay apresenta em detalhes uma teoria sensualista inspirada em Locke, mas que tem um crucial momento de clivagem para o cartesianismo ou para o ocasionalismo de Nicolas Malebranche. Antes de começarmos propriamente a análise das ideias contidas nestas obras, façamos algumas considerações importantes e que poderão nos auxiliar a compreender a sequência de capítulos adotadas nestes livro.

Em primeiro lugar, é possível sustentar, apoiando-se nos próprios textos publicados pelos fisiocratas, que uma análise sobre o conhecimento *precede* o estudo da ordem natural, das leis físicas e morais que a compõem, e, enfim, das leis que regem a economia. Vimos no capítulo anterior que o subtítulo da extensa obra *Filosofia rural* é eloquente para ilustrar a relação do domínio da economia com o conteúdo físico presente na ordem do mundo: *economia geral e política da agricultura, reduzida à ordem imutável das leis físicas e morais, que asseguram a prosperidade dos Impérios*. Algumas linhas introdutórias desta obra são especialmente significativas a este respeito, e nos esclarecem também acerca do conceito e o lugar da *política* a ser adotado pelos fisiocratas. Nesse sentido, Mirabeau escreve que a arte de conduzir os homens é "a arte de prover sua segurança e sua subsistência pela observação da ordem natural das leis físicas que constituem o direito natural e a ordem econômica pelas quais a existência e a subsistência devem ser asseguradas às nações e a cada homem em particular".[1]

Da mesma forma, a segunda máxima das *Máximas gerais do governo econômico de um reino agrícola* estabelece que a nação deve se educar sobre as normas gerais fornecidas pela ordem natural, e que a autoridade soberana, "sempre esclarecida pela evidência", deve assim instituir "as melhores leis e as faça observar com exatidão para a segurança de todos e para alcançar a maior prosperidade possível da sociedade".[2] As leis naturais e físicas, como explica Quesnay ao longo de seu texto *Direito Natural*, devem ser observadas pelos homens e aplicadas pelo governo: cabe ao governante instruir-se sobre esse campo.

Ao lermos esta defesa da preeminência do direito natural permanece a seguinte dúvida: como garantir o conhecimento correto acerca das normas prescritas pela natureza? Ora, para assegurar que a ordem social

1 MIRABEAU; QUESNAY, *Philosophie rurale*, p. XLII-XLIII.
2 QUESNAY, OC, I, *Maximes générales*, II, p. 567.

se conforme aos ditames do governo "mais vantajoso e benéfico para os homens", e, por conseguinte, certificar-se que a busca pelos interesses particulares convirja em direção ao interesse público, é preciso que Quesnay estabeleça uma teoria do conhecimento capaz de garantir a apreensão das próprias leis naturais necessárias, imutáveis e fixas da ordem natural.

Em segundo lugar, devemos observar que, alicerçados no conceito de *evidência*, os fisiocratas operarão o seguinte deslocamento: o problema da política deixa de ser relativo ao campo da *vontade* e da *construção de consensos* para passar ao campo do *conhecimento* e da *conformidade às leis naturais*. Para isso é preciso explicar como é possível conhecer as leis da ordem natural. Catherine Larrère explica que Quesnay e seus seguidores, ao associarem tão intimamente o direito natural à noção de ordem natural, enfatizam na sua teoria política o "fundamento do conhecimento"[3] das leis do mundo.

Desse modo, a metafísica ou a teoria do conhecimento exposta tanto no *Ensaio físico sobre a economia animal* quanto no verbete *Evidência* apresenta-se como a condição de possibilidade para uma teoria econômico-política cujas bases não dizem respeito somente a determinações sobre o papel do Estado, a composição da autoridade, a forma e funcionamento das

3 Cf. LARRÈRE, Catherine. *L'invention de l'économie au XVIIIe siècle : du droit naturel à la physiocratie*. Paris : PUF, 1992.

instituições, mas, antes, aos próprios fundamentos econômicos a serem seguidos pela ordem social e aplicados pelo governo. Isso faz com que a doutrina fisiocrática traga as reflexões de caráter econômico para o interior do direito natural e, consequentemente, para o modo pelo qual se podem conhecer as leis naturais. Em última instância, a análise da reprodução e circulação da riqueza encontrará seus rudimentos teóricos a partir do estabelecimento da *evidência* fisiocrática.

Para melhor compreendermos como se articulam estes problemas, iremos nos debruçar primeiramente sobre o *Ensaio físico sobre a economia animal*, pertencente à literatura médica e obra que contém reflexões sobre a fisiologia e a faculdade de conhecimento, e, em seguida, sobre o verbete *Evidência*, texto incontornável da bibliografia fisiocrática. É neste último que encontraremos exposta em detalhes a teoria do conhecimento da escola fisiocrática, em que veremos explicada a noção de ordem e dos princípios dos quais derivarão, ao fim e ao cabo, as noções que nos ajudarão a esclarecer o papel da economia e da política na doutrina inaugurada por Quesnay.

Evidência: as condições para o conhecimento das leis da natureza

Em seu *Discurso preliminar sobre a experiência e a teoria em medicina*, preâmbulo que acompanha a edição de 1747 do *Ensaio físico sobre a economia animal*, Quesnay já definia que o método a ser adotado para o progresso de uma ciência deveria aliar tanto uma observação concreta dos casos reais quanto teorias fundadas sobre uma apreensão da experiência. Em poucas palavras, trata-se de uma rejeição dos sistemas fundados na pura composição lógica de princípios abstratos, sem referências empíricas. Podemos adiantar que, como economista, ele adotará procedimentos semelhantes.

Quesnay propõe-se, de partida, a abordar um dos mais recorrentes e importantes tópicos da modernidade: como é possível conhecer e assegurar a certeza sobre aquilo que apreendemos dos objetos externos? Na segunda edição do *Ensaio físico*, lê-se claramente que todo conhecimento deriva das *sensações*. Embora esta afirmação esteja igualmente presente no verbete da *Enciclopédia*, no *Ensaio físico* é apresentada uma definição mais pontual sobre o que precisamente se trata a *evidência*: um conhecimento claro que nos conduz a uma certeza da qual não podemos duvidar. Vejamos um trecho do texto:

> "Todos nossos conhecimentos naturais nascem das sensações, e das percepções que nos afetam. Essas sensações e essas percepções se fazem distinguir umas das outras pela maneira diferente pela qual cada uma delas nos afeta. Quando essa dis-

> tinção é muito sensível, muito claramente exata, a chamamos de *evidência*. A evidência, portanto, é somente um discernimento claro e distinto dos sentimentos que possuímos, e de todas as percepções que dependem dele".[4]

A primeira parte do verbete *Evidência* dedica-se exatamente a desenvolver o argumento sensualista apresentado no *Ensaio*, e logo no início do texto lemos uma distinção entre duas espécies de certeza. A primeira trata-se propriamente da *evidência*, cuja operação se realiza no domínio dos *conhecimentos naturais*, isto é, adquiridos através das sensações. Com uma formulação ligeiramente diferente da obra de 1747, uma primeira definição é oferecida pelo artigo enciclopédico de 1756: "compreendo por *evidência uma certeza que nos é tão impossível recusar quanto nos é impossível ignorar nossas sensações atuais*", e afirma que "a *evidência* resulta necessariamente da observação íntima de nossas próprias sensações".[5] O outro modo de certeza pertence ao campo da fé. O verbete tratará sobretudo da primeira forma de certeza, embora a última não deva ter sua relevância minimizada: para Quesnay, ambos os conhecimentos não se contradizem, uma vez que a fé só pode ser acessada por meio da evidência, isto é,

4 QUESNAY, OC, I, *Essai physique sur l'économie animale*, p. 13.
5 QUESNAY, OC, I, *Évidence*, p. 61 e 62.

do conhecimento propiciado através das sensações, e que a evidência, por seu lado, não pode contrariar a fé. Mas o que realmente importa é o argumento de que *o exercício dos sentidos é princípio da certeza e fundamento dos conhecimentos*, conforme lemos no esclarecedor item 24 do verbete:

> "(...) há uma correspondência certa entre os corpos e as sensações que eles nos proporcionam, entre nossas sensações e os diversos efeitos que os corpos podem operar uns sobre os outros e entre as sensações presentes e as sensações que podem nascer em nós por todos os diferentes movimentos e os diferentes efeitos dos corpos. Disto resulta uma *evidência* ou uma certeza de conhecimento a qual não podemos recusar e pela qual somos continuamente instruídos das sensações agradáveis que podemos nos proporcionar e das sensações desagradáveis que queremos evitar. É nessa correspondência que, na ordem natural, consistem as regras de nossa conduta, nossos interesses, nossa ciência, nossa felicidade, nossa infelicidade e os motivos que formam e dirigem nossas vontades".[6]

Para que seja consolidado um conhecimento fundado na *evidência*, é necessário, em primeiro lugar, considerar um ser sensitivo (hábil a receber sensa-

6 QUESNAY, OC, I, *Évidence*, p. 69.

ções), assim como sua capacidade de relacionar e rememorar os dados recebidos por sua experiência imediata e concreta. No *Ensaio físico*, Quesnay afirmava que as sensações agem sobre os órgãos dos sentidos, pelos quais é possível reconhecer as afecções que afetam o corpo. Mais precisamente, o exercício dos sentidos e o da memória compõem os dois elementos fundamentais que, realizados alternativamente, asseguram a certeza buscada: se das sensações atuais derivamos nosso conhecimento daquilo que nos afeta atualmente, é somente pela memória – faculdade capaz de recordar as sensações e realizar relações entre elas – que podemos evitar o erro e garantir a certeza do conhecimento através da lembrança de sensações passadas em comparação com sensações presentes. Quesnay é claro em relação a este ponto quando escreve que "é pela memória que conhecemos nossa existência sucessiva, e é pelo retorno das sensações que nos ocasionam os objetos sensíveis, pelo exercício atual dos sentidos, que nos asseguramos da fidelidade de nossa memória. Estes objetos são, deste modo, a fonte de toda *evidência*".[7]

A memória, contudo, certamente não está isenta de perturbações ou fraquezas, ocasionando um afastamento da evidência. Neste segundo momento do texto, são analisadas as possíveis causas do *erro*, que pode surgir a partir de alguns desregramentos, como

7 QUESNAY, OC, I, *Évidence*, p. 70.

os desarranjos do corpo, por exemplo, ou, ainda, por afetações da memória, como nos ilustrativos casos do sonho, da loucura ou da imbecilidade. Todos estes erros consistem, segundo Quesnay, num *exercício imperfeito da memória*.

A capacidade de recordar pode relacionar as sensações entre si, ocasionando a formação de *ideias factícias*, ou seja, ideias que não se relacionam diretamente com o uso dos sentidos, mas tão somente entre duas ou mais sensações. A partir dessa divisão, originam-se duas espécies de verdades: de um lado, as *verdades reais*, que garantem a certeza do conhecimento e derivam da relação exata entre a sensação e o objeto que a provoca; de outro, as *verdades ideais ou especulativas*, derivadas das ideias gerais, que são a relação que as sensações estabelecem entre si sem se reportarem aos objetos que as causaram e, portanto, sem dizerem respeito ao conhecimento da realidade.

Cuidando de evitar estes desvios, trata-se de constituir uma inteligência regrada que consista, sobretudo, em um uso ordenado e saudável da memória, a fim de garantir o caminho para a *evidência*. Ora, uma tal inteligência é capaz, pela memória e pelas sensações atuais que recebe, de reconhecer *a verdade real* e distingui-la da *verdade especulativa*, e, além disso, de dominar suas paixões e conduzir-se pela razão. Neste sentido, *o bom uso da memória e dos sentidos encontra-se estritamente ligado ao regramento moral*, ou seja, uma inteligência capaz de regular as paixões, esclarecer os interesses e conformar uma regra de conduta. Afinal, como destaca Quesnay, "o desregramento moral vem sempre acompanhado do desregramento da inteligência".[8] Desse modo, proceder segundo uma conduta moral adequada é estar em conformidade com as prescrições fornecidas pela *ordem natural física*, cujas normas podem ser conhecidas mediante a *evidência*. Em outras palavras, é pelo exercício dos sentidos e da memória que os indivíduos constituem sua inteligência, sendo instruídos nas verdades reais e regrando-se de acordo com as leis morais derivadas da ordem física.

Até aqui, portanto, é perceptível a influência que o *Ensaio sobre o entendimento humano*, de Locke, e que o *Ensaio sobre a origem dos conhecimentos humanos*, de Condillac (cuja obra manifestamente pretende avançar sobre áreas não desenvolvidas no livro do filósofo inglês), exercem sobre a teoria sensualista de Quesnay, e já temos razoavelmente explicada a forma pela qual ele concebe a apreensão dos objetos externos e de como o conhecimento deve ser construído. Porém, na terceira e última parte do verbete outras influências filosóficas se imbricam à teoria do conhecimento fisiocrática. Se até a análise da origem e do progresso dos conhecimentos humanos Quesnay parece adotar uma postura so-

8 QUESNAY, OC, I, *Évidence*, p. 71.

bretudo lockiana e condillaciana, a partir do final do texto, quando trata da moral e da conduta humana, Deus e o *ocasionalismo* se tornarão uma instância interventora, e Quesnay se apropriará de conceitos cartesianos e malebranchianos, especialmente quando recorrer à noção de *ordem*. Entendamos um pouco melhor como se dá esse deslocamento.

Em primeiro lugar, os objetos que ocasionam as sensações o fazem sobre nossos sentidos através dos movimentos, como explica o item 44 do verbete; mas, em seguida, é estabelecido que esse movimento não é um *atributo essencial* dos objetos, pois essa ação deve ter uma causa primeira. Logo, conclui Quesnay, tais objetos não são a causa primitiva de nossas sensações; e, enfim, completa que apenas Deus pode ser o princípio ativo da liberdade e da inteligência. Ora, para se manterem no campo das verdades reais, os indivíduos devem, através dos sentidos, descobrir a inteligência divina a fim de assegurar a certeza de seus conhecimentos; só Deus, portanto, pode assegurar aos homens a "verdade real" das coisas. Adotando uma posição ocasionalista para alçar Deus ao estatuto de causa eficiente do movimento dos corpos, e determinando o dualismo entre alma e corpo, Quesnay ainda estabelece que a natureza e a ordem física são criações do próprio "Ser Supremo", argumentando finalmente que a razão, a inteligência e a moral são fornecidas aos homens por esta instância divina mediante a *ordem* estabelecida.

Uma sequência do texto pode nos ajudar a esclarecer o problema. Lemos no verbete que um corpo não contém em si a causa de seu movimento, pois apenas Deus pode ser sua causa eficiente e primeira, isto é, o *movimento* não é da essência do corpo ou do objeto, mas apenas uma *causa ocasional* cuja origem primitiva remonta a Deus. Assim, os corpos apenas se movem, os seres apenas sentem e os homens apenas pensam porque Deus efetua um primeiro movimento no sentido de realizar estas mesmas causas ocasionais. O fisiocrata também recorre ao ocasionalismo para explicar as relações entre alma e corpo: "essas duas substâncias [alma e corpo] não podem agir uma sobre a outra. É a ação de Deus que vivifica todos os corpos animados, que produz continuamente toda forma ativa, sensitiva e intelectual"[9], escreve o filósofo Quesnay.

Deus é, então, criador da Natureza e de todos os elementos físicos e morais nela existentes, assim como o Artífice que estabelece a ordem natural física e as leis que dela derivam: "esta legislação superior somente exige da parte daqueles que governam, e daqueles que são governados, o estudo físico das leis fundamentais da sociedade, instituídas invariavelmente e para a perpetuidade pelo Autor da natureza".[10] Dessa forma, o conhecimento das leis da natureza é indissociavelmente ligado ao conhe-

9 QUESNAY, OC, I, *Évidence*, p. 87.
10 QUESNAY, OC, II, *Despotisme de la Chine*, p. 1017.

cimento de uma criação divina, que informa tanto leis físicas quanto morais, como o verbete *Direito Natural* deixará claro. É este mundo ordenado, cujos funcionamentos são acessados através da evidência e dos sentidos, que assegura o conhecimento como um todo. Uma passagem do *Despotismo da China* nos ajuda, por exemplo, a esclarecer estas afirmações quando tratarmos do saber acerca do direito natural: o "Todo-Poderoso (...) tudo regrou e tudo previu na ordem geral do universo; os homens não podem nisto adicionar senão a desordem, e esta desordem que eles devem evitar só pode ser excluída pela observação exata das leis naturais".[11]

A noção de ordem natural dos fisiocratas ressalta, nesse sentido, tanto seu aspecto *físico* quanto *metafísico*. É sobretudo por causa desta passagem do verbete que boa parte dos comentadores acabam por destacar a influência da filosofia de Malebranche sobre Quesnay. Afinal, ele acrescentaria à teoria sensualista exposta na primeira parte do texto uma teoria do *movimento* e da *ordem*, cuja inspiração seria malebranchiana. Contudo, como já apontamos em uma nota no primeiro capítulo deste livro, outros especialistas relativizam esse vocabulário do "ocasionalismo", enfatizando sobretudo a inspiração lockiana do então incipiente economista. Para Philippe Steiner, por exemplo, as aproximações ter-

11 QUESNAY, OC, II, *Despotisme de la Chine*, p. 1016.

minológicas entre Quesnay e Malebranche seriam pouco relevantes na medida em que a fisiocracia não retomaria todo o sistema teológico e filosófico do autor de *A busca da verdade*.[12] Com isso, em detrimento das relações entre Deus e as coisas, tais comentadores buscam dar ênfase ao papel das sensações para a teoria de Quesnay.

Entretanto, descartar as implicações filosóficas contidas na noção de *ocasionalismo* poderia provocar uma significativa perda de compreensão sobre três aspectos fundamentais. Primeiro, que a fisiocracia forma um *sistema coerente* de noções que necessariamente se relacionam, sistema no qual a relação de Deus com a "ordem das coisas" se apresenta como a chave de uma abóbada. Nesse sentido, a própria formação de valores estará, como veremos no terceiro capítulo, ligada à associação estabelecida entre o trabalho do agricultor e a produção disponibilizada pelo "Autor" da natureza. Além disso, a própria explicação sobre a causa primeira das sensações depende, para Quesnay, de uma teoria sobre o movimento. Segundo, essa interpretação conduz à minimização do papel que a doutrina do direito natural exerce para a fisiocracia. Não somente o ocasionalismo dos fisiocratas se aproxima de uma ideia

12 As conclusões de Steiner apoiam-se sobretudo no clássico estudo *Malebranche. Les cinq abîmes de la Providence* (Paris: Aubier, 1959), de Martial Guéroult.

de Deus e de Sua vontade em relação com a ordem e as leis naturais, mas, conforme veremos no capítulo seguinte, a ideia de um ser divino e dos movimentos que ele ocasiona desempenha um papel fundamental para a política e para a sociedade, sendo essencial para compreendermos como são elaboradas noções econômicas como "produto líquido". Por fim, e em terceiro lugar, na teoria de Quesnay o ocasionalismo e o sensualismo não são excludentes, mas concorrentes: conhecer pelas sensações e conhecer uma ordem estabelecida por Deus, bem como compreender a causa da vontade e do movimento, são fatores necessariamente complementares e que integram um circuito de conceitos capazes de se explicar mutuamente. Assim, poderíamos também dizer que menosprezar essa influência filosófica cartesiana-malebranchiana pouco ajuda a alçar a teoria sensualista ao primeiro plano. Na verdade, negligenciá-la apenas obscureceria as intenções de formulação de um sistema.

Os parágrafos finais do verbete *Evidência* também adiantam pontos importantes a respeito da noção de *interesse*, ideia fundamental, como demonstrou Albert. O. Hirschman[13], para a construção e consolidação da filosofia econômica no século XVIII. Ora, ainda que as ações humanas devam se regular de forma

13 HIRSCHMAN, Albert O. *The passions and the interests: political arguments for capitalism before its triumph*. First Princeton Classic Edition. Princeton, New Jersey: Princeton University Press, 2013.

a convergir para os preceitos definidos pela ordem natural, o exame dos comportamentos individuais e dos interesses desempenham um papel fundamental no pensamento fisiocrático. Uma vez estabelecido que o homem é o único animal capaz de acessar, por meio de sua inteligência e pela *evidência*, as verdades da *ordem natural física*, ele é também capaz de regrar seus interesses de acordo com as regras morais estabelecidas pelo "Ser Supremo"; dotado de alma e razão, o ser humano é capaz de utilizar seu entendimento para subjugar as paixões, determinar-se pela moral e aquiescer à ordem natural. Será recorrendo à ordem natural, estabelecida pelo "Todo-Poderoso" e na qual se inscrevem as regras da ordem moral e social, que os homens poderão bem fundar seus interesses.

Mas como, afinal, tornar o interesse privado vantajoso tanto para o indivíduo particular quanto para a ordem social na qual ele se insere? O interesse dos indivíduos somente é verdadeiramente esclarecido e mesmo plenamente atingido quando eles conhecem as "irrefragáveis regras" estabelecidas pela ordem natural física, pois seguir essas normas significa ser livre e exercer a liberdade de inteligência característica do ser humano. De outra forma, seus interesses particulares podem frequentemente parecer os mais vantajosos, quando, na realidade, nada fazem senão o prejudicar. Como afirma Quesnay, "frequentemente o que é atualmente mais agradável não é mais vantajoso para o futuro".[14] A única busca vantajosa pelo interesse particular é aquela que se adequa às disposições prescritas pela legislação natural; fora desta hipótese, há apenas *caos*. É precisamente ao seguir as leis da natureza que os interesses particulares se tornam *interesses bem compreendidos* e se harmonizam com o interesse público, realizando plenamente aquilo que os fisiocratas repetidamente denominam de a *ordem mais vantajosa ao gênero humano*.[15]

A distinção entre estas duas espécies de interesse, frequentemente menosprezada pelos leitores do verbete *Evidência*, absolutamente não é banal: a diferença entre o interesse esclarecido e o interesse particular, assim como uma análise a contraluz entre o quadro das condutas individuais e o da ordem natural, apontará para um crucial ponto da análise fisiocrática sobre o comportamento dos agentes econômicos e sobre a busca legítima pelas vantagens particulares.

Em outras palavras, a rigor os pressupostos filosóficos sobre o interesse e as condutas individuais em relação ao todo também permitirão compreender elementos relativos aos comportamentos de determinados grupos da ordem econômica. Este é o caso, por exemplo, de um reino agrícola em que a classe produtiva, seguindo seus próprios interesses, ao mesmo tempo converge para o interesse público e para a

14 QUESNAY, OC, I, *Évidence*, p. 86.
15 QUESNAY, OC, I, *Despotimes de la Chine*, p. 1015.

maior vantagem da ordem social. Isto permitirá, no final das contas, uma disposição para o aumento do produto trabalhado na terra (como lemos, por exemplo, no conjunto das *Máximas gerais do governo econômico de um reino agrícola*).

Finalmente, à capacidade de inteligência liga-se um tipo específico de liberdade descrita nas últimas linhas do verbete, momento no qual Quesnay distingue duas espécies de liberdade. A primeira trata-se da *liberdade animal*, que responde ao registro do instinto no qual a paixão predomina sobre a razão, produzindo desordem e representando uma espécie de liberdade em que o indivíduo se entrega tão somente às *sensações afetivas* em oposição às *sensações instrutivas*. Quesnay descreve assim seus efeitos: "a alma é então entregue a sensações afetivas tão fortes e tão discordantes que dominam as sensações instrutivas que poderiam dirigi-la em suas determinações".[16] Por sua vez, a *liberdade moral ou de inteligência* é bem regrada e aproxima o homem da inteligência divina, das verdades reais e da evidência que o conduz a um conhecimento da ordem natural, fazendo-o conformar-se a esta:

> "É na ideia de uma tal liberdade, pela qual o homem é elevado por sua união com a inteligência divina, que percebemos que somos realmente

16 QUESNAY, OC, I, *Évidence*, p. 89.

livres e que, na ordem natural, apenas somos efetivamente livres enquanto podemos, por nossa inteligência, dirigir nossas determinações morais, perceber, examinar, apreciar os motivos lícitos que nos conduzem a cumprir nossos deveres, e a resistir às afecções que tendem a nos lançar no desregramento".[17]

O conceito de liberdade desempenhará um papel fundamental na teoria econômica de Quesnay. Trata-se de tema que vinha sendo examinado longamente pelo *doutor* em seus estudos médicos, isto é, desde pelo menos a segunda edição de seu *Ensaio físico sobre a economia animal*. Neste texto, que deixava explícita sua preocupação em torno de noções como *direitos naturais* e *ordem natural física*, o autor explica que a liberdade, dada ao homem por Deus, é a faculdade capaz de fazê-lo seguir o caminho indicado pela ordem natural. Efetivamente, o bom uso da liberdade é observado quando os homens se regram segundo os direitos naturais acordados pela ordem natural. Afinal, "a liberdade é movida por diferentes motivos, que podem mantê-lo na ordem ou jogá-lo na desordem; seriam necessárias leis precisas para lhe assinalar exatamente seu dever em direção a Deus, em direção a si mesmo e em direção ao outro, que ele seja interessado em observá-las", acrescen-

17 QUESNAY, OC, I, *Évidence*, p. 89-90.

tando em seguida que "é sob esta perspectiva que a religião e a política se reúnem na ordem natural, para conter mais seguramente os homens na via que devem seguir".[18]

Para ilustrar como a liberdade bem constituída se conduz através da razão e pela consulta aos verdadeiros interesses dos indivíduos, o *Ensaio físico sobre a economia animal* recorre ao exemplo do negociante. Este, calculando seu interesse através do desejo do ganho, é capaz de realizar uma escolha livre e ponderada, optando pelo melhor produto a ser comprado: *o raciocínio do negociante*, quando se vale da razão e da compreensão de seu interesse por meio do cálculo de vantagens e desvantagens, *encontra-se em concordância com a constituição física do mundo e com as prescrições da ordem natural*, como a de buscar o maior usufruto e vantagem possível dos bens disponíveis aos indivíduos e a de gozar de suas propriedades. Um tal uso da liberdade aponta para a convergência entre a conduta individual e os direitos naturais estabelecidos: há uma adequação à ordem e às suas leis físicas e morais. A esse respeito, a citação de uma significativa passagem contida no *Ensaio físico* merece ser lida em toda sua extensão:

18 QUESNAY, OC, I, *Essai physique*, p. 53.

"Um negociante, por exemplo, sempre animado pelo desejo do ganho, quer empregar uma soma de dinheiro para comprar alguma mercadoria; apresentam-se a ele duas espécies que podem lhe ser vantajosas, mas há uma que, no primeiro aspecto, lhe parece mais lucrativa. Entretanto, o medo de se enganar lhe faz examinar o preço da compra de cada uma destas mercadorias, os custos que elas exigem, os danos que elas podem sofrer, a prontidão do débito, o preço com que ele poderá vendê-la. *Ele chega, por cálculos, a avaliar todas estas coisas*; depois de ter comparado, ele se determina por aquela que lhe parece mais vantajosa; esta mercadoria é, então, desde logo impulsionada pelo desejo do ganho para fazer valer seu dinheiro; ele é conduzido, em seguida, a deliberar pelo medo de se enganar; enfim, ele decide pela mercadoria que lhe parece a mais lucrativa e frequentemente esta mercadoria não é aquela que inicialmente lhe pareceria a mais vantajosa".[19]

A política como problema epistemológico

A teoria do conhecimento assentada sobre a noção de *evidência* é a pedra angular a partir da qual Quesnay poderá construir o edifício da fisiocracia, ou,

19 QUESNAY, OC, I, *Essai physique*, p. 42 (grifo nosso).

nas palavras de Pierre Goutte, nos escritos de Quesnay "a demonstração da evidência da ordem natural precede a representação de uma ordem econômica natural (...). É, portanto, à luz do artigo *Evidência* que se faz necessário compreender como deve ser descoberta a ordem econômica natural e que pode ser assim conhecida a coerência da obra econômica de Quesnay".[20] Além disso, a teoria do conhecimento e o direito natural irão se articular para formar uma teoria social, política e econômica fisiocrática, entendida aqui como ciência calcada no conhecimento da ordem natural e das leis que dela derivam.

É a partir das noções apresentadas no verbete *Evidência* que a fisiocracia indicará o lugar atribuído ao homem em relação à natureza e à sociedade: os indivíduos são componentes de uma ordem natural física totalizante, isto é, que tudo engloba, sobre a qual devem conhecer e à qual devem se reportar. Dessa forma, o ser humano não assume por si um centro na teia formada pela natureza, mas é a própria natureza que define o lugar a ser ocupado pelos homens. Logo, essa relação se estabelece entre o indivíduo e a ordem geral na qual ele se insere. O conhecimento da ordem moral mais vantajosa ao gênero humano, isto é, de uma ordem marcada pela liberdade de inteligência ou liberdade moral que conduz os homens

20 GOUTTE, "Évidence, ordre naturel et Science économique dans l'œuvre de Quesnay", p. 135.

ao interesse bem compreendido, somente pode ser alcançado a partir da *evidência*, critério fundamental para o conhecimento das leis físicas e morais. E são essas mesmas regras que ditarão as leis da economia.

Sendo assim, o problema econômico e político é antes de tudo permeado por um *problema metafísico--epistemológico*, e o estudo sobre como é possível conhecer a natureza necessariamente precede a análise social. Como conhecer a ordem natural e as normas que dela decorrem? Como distinguir o interesse particular do interesse bem compreendido? Como separar a liberdade animal da liberdade de inteligência?

É através de uma teoria de matriz sensualista misturada com um importante ingrediente cartesiano e malebranchiano, partindo do conhecimento das verdades reais acessadas por meio das sensações e dispostas pelo mundo físico, permitindo aos indivíduos chegarem ao conhecimento da ordem natural e da própria ordem moral, que, enfim, o homem acessará a resposta a estas perguntas; pela qual terá conhecimento da ordem social e econômica mais vantajosa; que conformará seus interesses particulares aos interesses públicos, atingindo um interesse bem compreendido; que se demonstrará a importância da propriedade, da agricultura e dos benefícios econômicos relativos à obtenção do produto líquido; que tornará evidente a necessidade do despotismo legal e do governo fundado nas leis que integram a ordem natural. Em outras palavras, para que os comportamentos sociais, econômicos e políticos se organizem de forma a melhor atender às necessidades do corpo social e aos próprios interesses individuais, eles devem observar, por meio das sensações e com o auxílio da razão e da memória, as prescrições inscritas na própria ordem natural. Afinal, como afirma Quesnay, "o direito natural dos homens difere do direito *legítimo* ou do direito decretado pelas leis humanas naquilo em que é *reconhecido, com evidência, pelas luzes da razão*; e, unicamente por esta evidência, ele é obrigatório, independentemente de qualquer constrangimento".[21]

Portanto, as reflexões adiantadas no final do verbete *Evidência*, na parte em que cuida dos temas morais, é extremamente importante na medida em que as leis naturais serão apresentadas como o conjunto formado pelas *leis físicas*, isto é, leis de reprodução dos objetos naturais, e as *leis morais*, normas que dirigem a conduta humana. Estas questões apontam para outro caminho que deveremos em seguida percorrer: conhecer aquilo que o corpo de leis naturais determina aos indivíduos.

21 QUESNAY, OC, I, *Le Droit Naturel*, Cap. II, p. 113.

Capítulo III

Jusnaturalismo: a sede da política fisiocrática

Na coletânea *Fisiocracia*, escritos de Quesnay coligidos por Du Pont de Nemours, o artigo *Direito Natural* figura em primeiro lugar na sequência de escritos. A própria estrutura da coletânea, conforme revela Du Pont de Nemours no *Discurso do editor*, enxerga as questões de direito natural e da ordem natural como pontos de partida para a fisiocracia. Isso não se trata de mera decisão editorial, mas representa uma tomada de posição teórica: o jusnaturalismo é percebido como um conhecimento prévio e necessário para a plena compreensão dos escritos econômicos. De fato, no mapa da exposição geral da doutrina apresentado pelo fisiocrata, o *Quadro Econômico*, tratando da ordem social física, e as *Máximas gerais do governo econômico*, tratando das leis naturais e da ordem mais vantajosa, ocupariam, respectivamente, o segundo e terceiro passo após a explicação do que a fisiocracia entende por direito natural.

Nesse mesmo preâmbulo, Du Pont de Nemours ressalta a importância concedida pelos fisiocratas ao *direito natural*, conceito essencialmente ligado e subordinado à noção de *ordem natural*. Essa relação é diversas vezes reafirmada por Quesnay, Mirabeau e Le Mercier de la Rivière. Por exemplo, conforme Mirabeau ressalta na *Filosofia Rural*, "basta-nos conduzir os homens pelo conhecimento e pela consideração de seu próprio interesse a convergir ao bem universal, à ordem natural, princípio e base da ordem moral de nosso mundo, princípio e base do Direito natural e da Lei natural".[1] Frases e expressões assim construídas abundam nos textos dos discípulos de Quesnay. É patente, portanto, a adoção da terminologia do jusnaturalismo moderno pelos fisiocratas.

O vocabulário e a gramática do direito natural moderno empregado pelos *économistes* assumem um papel bem definido dentro da doutrina e possuem uma relação necessária com todos os elementos que compõem o sistema filosófico da fisiocracia. Não há, entretanto, um texto que defina de forma axiomática algumas das noções mais caras à fisiocracia, o que faz com que uma compreensão plena dos conceitos seja possível somente à medida que frequentamos

1 MIRABEAU; QUESNAY, *Philosophie rurale*, p. XLI.

os textos. Tendo isso em vista, e para que possamos tornar mais claras as explicações a seguir, é necessário fazermos uma descrição elementar de algumas dessas ideias.

A *ordem natural* pode ser entendida como uma criação divina, imutável, que assegura a prosperidade de todas as sociedades e guiada por leis determinadas; é uma ordem à qual a moral, a sociedade, a política, a economia e mesmo Deus devem se reportar. O seu conteúdo é também *físico*, ou seja, há uma dimensão material nessa ordem, âmbito que compreende a própria natureza e a reprodução de todas as coisas. O "cosmos" fisiocrático é, portanto, composto por uma natureza totalizante cujas normas são inflexíveis. Quanto às *leis naturais*, são as regras fixas que ao mesmo tempo compõem e derivam dessa ordem. Elas nos informam sobre o melhor interesse para a sociedade, sobre as ações de governo mais adequadas, sobre o direito de propriedade e mesmo sobre as regras que a ordem econômica deve obedecer. Os seres humanos, através de sua *liberdade de inteligência*, podem conhecer essas leis naturais e em seguida compreender o funcionamento das leis físicas e materiais para, finalmente, poderem obter tudo o que for necessário para prover sua subsistência e aumentar a produtividade.

Os leitores e leitoras do verbete *Evidência*, por exemplo, logo notarão que determinadas sequências de argumentos parecem rodar em círculos: as leis naturais são parte integrante de um plano mais amplo representado pela ordem natural, e esta última, embora não possa ser plenamente conhecida em todos os seus segredos, subjuga os homens às necessidades físicas e, ao mesmo tempo, fornece a eles os meios para satisfazê-las; para isso é preciso saber o modo correto de conhecer estas leis naturais-físicas, que fazem parte de uma ordem imutável. A partir da primeira definição elementar que oferecemos acima, tentaremos mais adiante examinar cada um desses termos. Importa no momento apenas destacarmos que a "ordem natural" precede e contém o direito natural, mas que esse fato não eclipsa a preeminência de suas normas: as leis naturais são elementos indispensáveis na *filosofia da ciência nova*, pois indicam os caminhos para assegurar aos homens corretamente guiados pela *evidência* o gozo pleno de todas as vantagens concedidas pela ordem natural e física – e isso inclui as regras para as condutas econômicas. No discurso que antecede a coletânea *Fisiocracia*, Du Pont de Nemours arrisca fazer uma explicação desses conceitos. Vale a pena visitarmos o texto para termos uma ideia das dificuldades envolvidas nessas definições:

> "A *ordem natural* é a *constituição física que o próprio Deus deu ao universo, e pela qual tudo se opera*

> *na Natureza*. Neste sentido geral e vasto, a *ordem natural* em muito precede o *direito natural* do homem; ela se estende para muito além do homem e daquilo que o interessa; ela abrange a totalidade dos seres (...). É dela de que tiramos o dom precioso de estudar e reconhecer evidentemente este admirável encadeamento de causas e de efeitos, nas coisas sobre as quais nos é possível estender o uso de nossos sentidos e de nossa razão. Assim, é ela que nos prescreve soberanamente as *leis naturais* às quais devemos nos conformar e nos submeter, sob pena de perder, em razão proporcional aos nossos erros e ao nosso desvario, a faculdade de fazer *o que nos é vantajoso*, e de sermos assim privados do uso de nosso *direito natural* (...) As *leis naturais* consideradas de forma geral são as *condições essenciais segundo as quais tudo se executa da ordem instituída pelo Autor da natureza*".[2]

Por conseguinte, as leis naturais oferecerão os elementos necessários para que a economia possa se constituir enquanto *ciência* (entendida na definição dada por Le Trosne, como vimos na introdução deste livro). Em outras palavras, a ordem física do mundo nos informa sobre as normas econômicas, tais como as leis que guiam a produtividade e a circulação das riquezas. É por isso que Du Pont de Nemours,

2 NEMOURS, "Discours de l'éditeur", p. X-XIII.

no *Artigo preliminar* (1765) que antecede o texto *Observações sobre o Direito natural dos homens reunidos em sociedade*, texto de Quesnay publicado no *Jornal de agricultura, de comércio e de finanças*, escreve o seguinte: "É o conhecimento da ordem e das leis físicas e naturais que deve servir de base para a ciência econômica (...). E por pouco que nos dediquemos a esta reflexão, sentimos evidentemente que as leis soberanas da natureza contêm os princípios essenciais da ordem econômica", e mais adiante, afirma que os princípios expostos no texto formam "a base sólida sobre a qual deve ser erigido o edifício"[3] da ciência econômica. Com isto, já nos parece suficientemente claro que o estudo do direito natural é uma condição de possibilidade para a plena compreensão do sistema fisiocrático e, consequentemente, para sua concepção sobre a ordem econômica da sociedade.

Direito natural: justiça, trabalho, governo

Para entendermos a importância assumida pelo jusnaturalismo no sistema da fisiocracia, é preciso antes de mais nada nos colocarmos uma pergunta fundamental: em que consiste exatamente o *direito natural* sustentado pelos fisiocratas?[4]

3 QUESNAY, OC, I, "Article préliminaire (par Du Pont de Nemours)". In : *Observations sur le droit naturel des hommes réunis en société*, p. 98.
4 Parte da pesquisa que integra esse e o próximo item foi primeiramente exposta no seguinte artigo: VARGAS, Thiago. "Das leis da natureza

Já pudemos destacar nos capítulos anteriores que o estudo das leis naturais e físicas não é um assunto que interessa Quesnay apenas a partir da década de 1760, quando os escritos sobre economia se multiplicam e a fisiocracia se encontra em seu auge. Na verdade, desde a segunda edição de seu *Ensaio físico sobre a economia animal*, Quesnay dedicava-se longamente a uma investigação sobre o direito natural e sobre as leis que deveriam definir o justo e o injusto absolutos. Essa discussão é realizada justamente no capítulo dedicado à liberdade – tema que, não coincidentemente, quase dez anos depois encerraria o verbete *Evidência*.

Nessa parte do *Ensaio físico* são estabelecidas duas espécies de direito: um *natural* e o outro *legítimo*. Os direitos naturais – e Quesnay aqui utiliza o plural – são definidos como aqueles que a natureza nos concedeu, tais como o de velar por nossa conservação e, para isso, o direito de podermos adquirir a porção de bens que julgamos necessários para nossa sobrevivência. A outra espécie, o direito legítimo, é a ordem jurídico-legislativa estabelecida pelos indivíduos, isto é, o ordenamento que oferece um conjunto positivo de leis.

O objetivo da ordem positiva é espelhar, o tanto quanto possível, o corpo de leis do direito natural, já

à ordem econômica. Direito natural e fisiocracia". In: *Discurso*, v. 49, n.º 2, São Paulo, 2019. Agradeço a Pedro Paulo Pimenta pelas observações e comentários feitos a partir deste texto. O desenvolvimento das reflexões e conclusões desse estudo é aqui apresentado.

que as leis naturais nunca podem ser destruídas; melhor ainda, o direito legítimo deve *facilitar e expandir* o exercício do direito natural, em especial dos proprietários. Assim, a discussão sobre o direito natural conduz a uma reflexão sobre a justiça, e essa consideração se realiza em termos materiais e econômicos. No *Ensaio físico*, lemos que os homens originariamente vivem em uma situação de igualdade e em um estado no qual todos possuem direito de buscar e conseguir tudo aquilo que pode ajudar na conservação da vida. Mas, como ninguém por nascimento detém títulos de terra ou de propriedade, cada um possui "indistintamente direito a tudo", o que poderia vir a ser uma causa de conflito generalizado. Contudo, Quesnay não adota a premissa de um estado de guerra hobbesiano: para o fisiocrata, a sociabilidade é natural e, desde os estados iniciais da história, os indivíduos fazem um bom uso da razão, controlam suas paixões e, prontamente percebendo que não adiantaria opor violência contra violência, "desregramento contra desregramento", logo concordam que é mais vantajoso (mesmo para o seu próprio interesse) que todos utilizem bem o seu direito e respeitem, por reciprocidade, seus iguais. Com isso, constituem as leis às quais eles próprios concordam em se submeter; de certo modo, Quesnay se vale aqui de uma definição clássica de liberdade política. Isso não significa que a fisiocracia adote um modelo contratualista, pois essa passagem ocorre sem a necessidade de um artifício ou de um pacto: seres dotados de liberdade e de inteligência, os homens fazem uma *distribuição equitativa dos bens* e a transição para o *direito legítimo* ocorre de modo natural.

Da mesma forma, a desigualdade natural é admitida pelos fisiocratas em termos sociais e materiais: é uma consequência natural que os mais industriosos, trabalhadores e talentosos possuam mais coisas, enquanto os ociosos ou os que dilapidam imprudentemente seus bens sejam mais pobres ou desprovidos. Sem nos aprofundarmos nessa questão, apontemos somente que a dicotomia entre "trabalho" e "ócio", comum no século XVIII, era em geral vista como um efeito das "causas naturais", e as sociedades apenas refletiriam essa inescapável condição humana. Em outras palavras, a desigualdade não era tanto um mal a ser combatido, mas sim a ser *justificado*, e para boa parte dos autores a questão se tornava puramente moral, antropológica ou relativa à subjetividade. Rousseau é o primeiro grande filósofo a destoar de sua época, enfatizando o problema eminentemente político envolvido na divisão do trabalho e das desigualdades que dele derivam. Isso, todavia, é um tema para um outro livro.[5]

5 Cf. VARGAS, *Trabalho e ócio: um estudo sobre a antropologia de Rousseau*. São Paulo: Alameda/Fapesp, 2018.

Voltemos ao *Ensaio físico*. Apesar da clara definição de "direito natural" encontrada no texto, quase vinte anos depois Quesnay publica o artigo *Direito natural*, iniciando-o com uma definição ampla e vaga sobre o objeto. O artigo começa enfatizando a ligação da matéria com o campo terminológico da propriedade, pois Quesnay escreve que "o direito natural do homem pode ser definido vagamente como *o direito que o homem tem às coisas próprias ao seu gozo*" e, mais adiante, diz que "o direito natural de cada homem se reduz, na realidade, à porção que ele pode obter por seu trabalho".[6] Como efetivar esse direito, prevenindo-o contra afrontas e contra a agressão de terceiros? Na terceira observação da *Análise aritmética do Quadro Econômico* encontramos a resposta a essa pergunta: se a segurança da propriedade é uma prescrição da ordem natural, a autoridade administrativa do governo deve garantir com que ela seja respeitada. Até aqui, Quesnay parece bem próximo de Locke e seu *Segundo tratado sobre o governo*.

No entanto, as coisas começam a mudar de figura quando passamos a examinar a teoria dos regimes políticos da fisiocracia e a inexorável ligação que a forma de governo possui com a ordem da natureza. Vejamos qual é o lugar da propriedade nessa complexa trama para, no item seguinte, voltarmos à questão do governo.

6 QUESNAY, OC, I, *Le Droit Naturel*, Cap. II, p. 111 e 114, respectivamente.

Ao eleger a noção de "ordem natural" como o fulcro de seu sistema, a fisiocracia constrói um modelo totalizante no qual todas as sociedades e todas as administrações de governo devem, sob pena de repetidos erros e fracassos, seguir as prescrições do direito natural. Como a propriedade e sua proteção ocupam um lugar de destaque dentre as normas prescritas pelas leis da natureza, os fisiocratas acabam por realizar a defesa de um *arquétipo* universalizante baseado na propriedade fundiária e na estrita observação do direito natural dos proprietários.

A ordem natural e essencial das sociedades políticas, de Le Mercier de la Rivière, ilustra muito bem esse ponto. Como já pudemos destacar anteriormente, trata-se de uma obra fundamental para a consolidação do sistema político da fisiocracia. Ao visitarmos o capítulo dois do livro de Rivière, que trata sobre a origem da propriedade e a desigualdade de condições entre os homens, lemos que o direito de propriedade decorre imediatamente do direito de autoconservação. Juntos, ambos constituem uma *unidade* partir da qual a propriedade passa a ser vista sob duas perspectivas: a *propriedade pessoal*, que diz respeito ao direito de prover sua própria subsistência, e a *propriedade mobiliária*, relativa aos objetos e frutos dos trabalhos realizados pelos indivíduos. Ambas decorrem, como Le Mercier não cessa de ressaltar, de uma "necessidade absoluta" fundada em uma "necessidade física", e devem, portanto, ser respeitadas por toda e qualquer ordem social. Essa associação entre vida, propriedade e inexorabilidade das leis físicas serve, enfim, para que Le Mercier argumente que o ato de poder se tornar proprietário é tão importante quanto o ato de perseverar na existência. O fisiocrata conclui que "o direito de adquirir e o direito de conservar formam conjuntamente tão apenas um único e mesmo direito, mas considerado em tempos diferentes"[7] e finaliza, também recorrendo ao campo terminológico de Locke, afirmando que o homem tem propriedade exclusiva de sua pessoa e das coisas que adquiriu por seu trabalho.

Nesse sentido, a propriedade, vista enquanto direito natural, servirá também como noção reguladora que justifica a desigualdade de condições civis. O argumento se desdobra da seguinte forma. O fisiocrata primeiro identifica a fonte da desigualdade no estado de natureza, compreendendo-a como uma regra inscrita no direito natural, sustentando ainda que essa desigualdade de condições naturais é *justa por essência*. Não se trata somente de uma mera diferença corporal ou de forças, elementos desde logo perceptíveis, mas, sobretudo, de uma desigualdade fundada sobre as condições naturais de habilidade para exercer o direito de propriedade: se todos potencialmente

7 RIVIÈRE, *L'ordre naturel et essentiel des sociétés politiques*, Cap. II, p. 9.

podem ser proprietários exclusivos dos frutos de seu trabalho, e certamente são proprietários exclusivos de sua própria pessoa, segue-se que seja necessário que alguns possuam mais do que outros na medida em que, tendo em vista as diferenças de talentos e faculdades, alguns indivíduos adquirem mais coisas do que seus semelhantes. Le Mercier utiliza a expressão "faculdades necessárias para adquirir", dizendo que essas faculdades, no entanto, não têm a mesma intensidade em todos os homens: por suas aptidões, naturalmente alguns terão mais do que outros. Logo, o direito à propriedade é justo, pois deriva de uma lei de ordem física que, por sua vez, é determinante para os arranjos da ordem moral. Em outras palavras, as leis naturais estabelecem uma disparidade de condições que é compreendida como uma *necessidade física*, diferenças que, por sua vez, determinarão aqueles que possuem mais capacidade para adquirir propriedade. Como não podemos mudar as leis naturais, isso significa que as sociedades devem inevitavelmente e necessariamente reproduzir a lei da desigualdade.

Ressaltemos ainda que na fisiocracia a história de todas as sociedades e instituições remonta a uma origem comum: o estabelecimento e a proteção da propriedade fundiária. Esta garante a construção de uma sociedade civil regrada por leis e resguardada pelos magistrados, de modo a assegurar as determinações físicas e naturais sobre o direito de propriedade. Dessa forma, a sociedade deve ter sua estrutura e suas instituições organizadas a partir da garantia da propriedade exclusiva dos bens e da pessoa, fazendo com que Le Mercier defenda uma partilha de colheitas justa de modo a tornar o estado do proprietário fundiário o "melhor estado socialmente possível".[8]

Em suma, o direito natural à propriedade é uma noção essencial para o sistema fisiocrático. Visto como um fundamento da sociedade e como um elemento necessário tanto para regulação das relações entre os indivíduos (e entre os indivíduos e o Estado) quanto para a geração de riqueza, é tão importante que na quarta máxima das *Máximas gerais do governo econômico de um reino agrícola*, Quesnay defende que "a segurança da propriedade é o fundamento essencial da ordem econômica da sociedade. Sem a certeza da propriedade o território permaneceria inculto".[9]

Isto coloca, em seguida, uma outra questão: como fazer com que a propriedade seja respeitada e garantida, fazendo com que a economia possa realizar suas funções? A resposta dos fisiocratas é uníssona: é necessário que haja *governo*. Como Quesnay explica no capítulo IV do artigo *Direito natural*, quando os

8 RIVIÈRE, *L'ordre naturel et essentiel des sociétés politiques*, Cap. III, p. 17.
9 QUESNAY, OC, I, *Maximes générales*, IV, p. 567.

homens se encontram no "estado de multidão" (isso remete à divisão hobbesiana de *populus* e *multitudo*; esta última condição representa um estado no qual o povo ou um corpo político ainda não foi formado), não é possível haver riqueza nem pela agricultura e nem pelo pastoreio, pois não há *poder soberano ou tutelar* que garanta a efetividade do exercício do direito de propriedade.

Portanto, ao assegurar garantias aos proprietários e possibilitar o direito de gozo sobre a propriedade, a confederação social e o governo acabam por expandir o uso do próprio direito natural às coisas. O governo deve velar pela aplicação do direito natural, e as leis positivas que ele executa devem ser um espelho das leis naturais. A isso se somam disposições de direito penal, pois é preciso estabelecer sanções que punam aqueles que, movidos por paixões desregradas, venham a infringir a lei primitiva da propriedade. Por conseguinte, junto à liberdade e ao interesse que tornam o trabalho agrícola mais rentável e produtivo, é necessário que haja um governo, identificado como um poder que protege e garante o exercício do direito de propriedade. No prefácio do *Despotismo da China*, texto em que Quesnay expõe os princípios do jusnaturalismo fisiocrático, lemos que a própria definição de *prosperidade de uma nação* é assim formulada: o cultivo da terra com o "maior sucesso possível", parte que deve ser relegada aos interesses, e a defesa da sociedade contra os "ladrões e maldosos", papel que deve ser confiado ao governo civil.

Diversos textos fisiocráticos repetem os seguintes termos: a sociedade deve retirar da ordem natural e física a maior vantagem possível ao gênero humano, e as leis naturais asseguram as melhores máximas para os homens e para os soberanos, garantindo, por fim, o governo mais perfeito possível. As explicações que oferecemos acima devem nos ajudar a compreender o que de fato isso quer dizer: as leis naturais, acessadas pela teoria da "evidência", devem ser conhecidas, previstas no conjunto de leis positivas e executadas pelos governantes; veremos mais adiante que, além disso, as leis naturais ditarão a própria forma que o governo deve assumir. Neste mesmo sentido, lemos no capítulo V do texto *Direito natural* que as leis naturais oferecem o critério do justo e do injusto e que devem, segundo Quesnay, servir de base não somente à legislação, mas também à própria conduta humana. Isso explicita também a dimensão dos comandos *morais* contidos nas leis naturais.

Podemos então concluir que os fisiocratas não deixam dúvidas de que uma ordem natural física é determinante para as formas de organização social, política, moral e econômica das sociedades e dos governos. Em *Cartas sobre a legislação ou a ordem legal depravada, reestabelecida e perpetuada* (1775), texto de Mirabeau ainda muito negligenciado pela fortuna crítica, lemos que a "ciência econômica" é justamente uma ciência da ordem natural física, e que o estudo dessa ordem depende tanto do conhecimento de suas leis e funcionamento (isto é, a necessidade da evidência), quanto de um "cálculo" dos ganhos que temos ao nos aproximar das leis físicas da natureza e das perdas que percebemos quando delas nos afastamos. O modelo econômico-político-social vislumbrado pelos fisiocratas informa-se, portanto, segundo um mundo físico cujas operações devem ser apreendidas pelos homens. Em última instância, isso significará dizer que as *leis físicas* terão preponderância sobre as *leis morais e políticas*.

As leis físicas e os regimes políticos: legislação e o despotismo legal

A noção de ordem natural ocupa um lugar central no sistema fisiocrático. Nos capítulos precedentes analisamos como essa noção se constitui desde os escritos médicos de Quesnay e se prolonga até seus últimos textos; examinamos ainda como é possível acessarmos, por meio da "evidência", as leis do direito natural inscritas nesta mesma ordem; em seguida, analisamos as leis da natureza e sua relação com a dimensão material e econômica do mundo, sobretudo a respeito do direito natural à propriedade; e, por fim, apontamos o papel do governo na garantia e na expansão destas normas derivadas da ordem natural. Todavia, tendo em vista que essa ordem natural física tudo abarca, falta ainda avaliarmos se para os fisiocratas o governo deve ou não assumir uma *forma* específica.

Em primeiro lugar, as leis naturais, por serem também físicas, definem uma relação de proporção entre coisas e valores; e esta mesma proporção pode ser objeto de cálculo, isto é, pode ser transcrita numa fórmula ou enunciado que nos permite medir ou descobrir um fator ou uma grandeza. Do ponto de vista da economia, isto serve, por exemplo, para pensarmos a relação entre *plantio* e *colheita*, entre *investimento* e *lucro* ou entre *produção* e *consumo*. Ora, as leis naturais físicas, que são perpétuas e imutáveis, fazem com que a ordem econômica seja igualmente regida por leis inalteráveis. Assim, o governo pode até ignorar ou desconsiderar essas leis, mas incorrerá em prejuízo e erro: afinal, compete ao governante conhecer as leis físicas e buscar aplicá-las sobre a nação, para que possa tirar a maior vantagem possível dos recursos à sua disposição.

Podemos ilustrar essa explicação a partir da leitura de alguns textos. Du Pont de Nemours, no prefácio do *Quadro econômico* e sua análise, ressalta que a ordem natural contém as leis físicas de reprodução da riqueza, cabendo aos homens conhecê-las para gerar abundância e multiplicar os bens disponíveis. Nas suas palavras, "tudo nos prova que existe *essencialmente* uma tal *ordem*, uma lei universal e *física* que foi estabelecida pelo criador do mundo, e segundo a qual os seres, as produções, as riquezas, tendem a se perpetuar e mesmo a se multiplicar o tanto quanto possível".[10] Da mesma forma, no capítulo 3 do artigo *Direito natural*, Quesnay afirma que as leis físicas que informam a economia política são "instituídas para operar o bem"[11], propiciando a maior vantagem e bem-estar possível aos indivíduos. Isso se repete também em texto como o *Despotismo da China*, onde lemos que "as leis naturais da ordem das sociedades são as próprias leis físicas da reprodução perpétua dos bens necessário à subsistência, à conservação e à comodidade dos homens".[12]

Para o fundador da fisiocracia, as "leis físicas" são enunciados necessários e cognoscíveis da ordem natural, e, consideradas em relação à economia, configuram as determinações materiais para a produção, existindo *independentemente* da vontade política ou humana. Karl Marx reconhece esse ponto da teoria fisiocrática como o grande mérito legado pela escola, pois ele permite pensar as formas de produção como "formas fisiológicas da sociedade: formas que emergem da própria necessidade de produção,

10 NEMOURS, "Tableau économique", p. 3-4.
11 QUESNAY, OC, I, *Le Droit Naturel*, Cap. III, p. 115.
12 QUESNAY, OC, II, *Despotisme de la Chine*, p. 1015 (grifo nosso).

formas que são independentes da vontade ou da política (...). São leis materiais".[13] As leis da economia política e as condições de reprodução da riqueza são, consequentemente, determinadas pela dimensão material ou física que compõe o universo fisiocrático. Esse caráter físico das leis naturais permite fazer do jusnaturalismo o ponto de partida para as análises econômicas, matriz em que se forjam noções importantes como a sacralidade do trabalho da agricultura, a obtenção do produto líquido e a função do governo em relação ao bom uso da economia.

Para que essas leis e princípios sejam efetivados na ordem social, é preciso uma administração – um governo econômico – que garanta a aplicação das prescrições naturais-físicas. Esta questão imediatamente nos conduzirá a um outro problema crucial, qual seja, a reflexão sobre a melhor forma de governo ou a melhor maneira de organização administrativa para a efetivação das normas físicas. Isso nos auxiliará a esclarecer ainda mais o próprio nome de batismo *Fisiocracia*, isto é, *Governo da natureza*.

Para passarmos a uma análise da teoria dos regimes políticos, devemos consultar o *Despotismo da China*, originalmente publicado em 1767 no jornal fisiocrático *Efemérides do cidadão*. Nessa obra, Quesnay retomará a distinção clássica dos regimes

13 MARX, "Theories of surplus value", p. 353.

– aristocracia, monarquia, democracia – apenas para em seguida remodelá-la em proveito de sua teoria da ordem física e natural.

No Capítulo VIII, intitulado *Diversidade dos governos imaginados pelos homens*, lemos explicadas em detalhe as diferenças da autoridade tutelar ali defendida em relação às outras formas de governo. Para Quesnay, as formas clássicas de governo são contrárias à ordem natural física, pois tais administrações se submetem ao capricho dos interesses particulares nocivos e às paixões desenfreadas, deixando a nação sob o jugo do arbítrio e da vontade. Vejamos um por um os motivos para essa recusa. Em primeiro lugar, o melhor governo possível não poderia ser a *aristocracia*, pois nesse regime os proprietários se alçam para acima das leis, submetendo os súditos à escravidão e realizando violências que poderiam, em algum momento, causar uma crise que conduziria à anarquia. Em segundo lugar, tampouco poderia ser uma *monarquia*, que sempre arrisca degenerar em *tirania* e estimula somente os meios que enriquecem os aliados ou os já poderosos, prejudicando o resto da nação que fica permanente próxima da indigência e da guerra. Em terceiro lugar, não poderia ser uma *democracia*, na qual o povo ignorante, segundo Quesnay, deixa-se governar por paixões desenfreadas que causam tão somente um tumulto contínuo e uma desordem destrutiva. Por fim, não se trata de um *despotismo arbitrário*, no qual se ficaria à mercê de *déspotas ou soberanos depredadores* que seguem somente os seus "interesses cegos ou desregrados"[14], prejudicando o corpo da nação, tanto do ponto de vista estritamente político quanto fiscal ou econômico.

Em suma, nessas formas de governo os interesses particulares são nocivos porque, o governo dependendo da vontade dos homens – a vontade de um na monarquia, a vontade de alguns na aristocracia e a vontade de muitos na democracia –, existirá sempre o risco de choque com as prescrições inalteráveis da ordem natural física. Todos esses regimes geram intrigas, discórdias e prejudicam a sociedade. Por esse motivo, Quesnay defenderá que *a autoridade deve ser única*. Essa afirmação pode à primeira vista parecer contraditória – afinal, o déspota poderia muito bem impor sua vontade *erga omnes*, contra todos. Porém, essa centralização feita por Quesnay não deve ser compreendida como a defesa de um indivíduo voluptuoso que, sem observar os interesses da nação e os processos sociais e econômicos que nela ocorrem, exerce arbitrariamente o poder; essa noção de *despotismo*, elaborada por Montesquieu no Livro II do *Espírito das leis*, é recusada por Quesnay.

No caso da fisiocracia, a palavra *despotismo* assume outro significado. Ela é pensada como a autoridade so-

14 QUESNAY, OC, II, *Despotisme de la Chine*, p. 1011.

berana das leis físicas e naturais, isto é, num *despotismo legal* que constrange o governante a agir não segundo sua vontade, mas segundo as próprias leis físicas que determinam o mundo e a sociedade. Em outras palavras, os homens não convencionam como as regras de governo devem operar para a vantagem da sociedade, e o próprio funcionamento da autoridade – seus deveres, suas ações, seus limites, seus poderes – são descritos e previstos nas regras inscritas na própria ordem física.

Na realidade, o poder tutelar é soberano apenas na medida em que respeita a autoridade das regras naturais. Estas, uma vez bem observadas, fornecem a melhor forma de governo possível, favorecendo a economia, o corpo social, a política e a moral. No quinto capítulo de *Direito natural*, Quesnay sintetiza esta ideia através de um termo específico: a ordem natural imutável contém em si o *arquétipo*[15] dos governos e os modelos normativos a serem seguido pelas leis positivas. Nesse sentido, a naturalidade inerente às regras prescreve de antemão os modos de agir e os limites da própria prática de governo. Como ressalta Du Pont de Nemours, nem os homens nem os governos fazem a lei, "eles as *declaram*, a conduzem para o seio da sociedade"[16], exortando na sequência que é preciso

15 O termo *arquétipo* é de Quesnay. *Cf.* Verbete O *Direito Natural*, Cap. V e *Despotismo da China*, p. 1013.
16 NEMOURS, *Maximes du Docteur Quesnay*, p. 390 (grifo nosso).

atentar-se para a verdade encerrada na utilização dos termos franceses *législateur* (legislador) e *législation* (legislação) – e não a um possível neologismo *légisfacteur* (legisfator) ou *légisfaction* (legisfação). A palavra *legislador* é derivada da junção de dois vocábulos latinos: *lex ou legis*, que quer dizer *lei*, e *lator*, que significa portador ou mensageiro. A palavra representaria, portanto, que os legisladores apenas declaram as leis naturais. A rigor, segundo Du Pont de Nemours, eles não fazem as leis, pois a legislação natural é de prerrogativa única e exclusiva da natureza e de Deus. Isso significa dizer que os legisladores são aqueles que difundem um conhecimento: eles anunciam para a sociedade as normas derivadas da ordem natural. Em uma sociedade na qual as leis naturais sejam conhecidas e positivadas no ordenamento legislativo, o arbítrio da vontade seria limitado e a comunidade favorecida.

Seguindo esta mesma argumentação, lemos no *Despotismo da China* que somente a observância das leis naturais pelo soberano poderá garantir a prosperidade da nação e as forças do Estado. Segundo Quesnay, as leis da natureza são "a substância e o arquétipo" para a legislação positiva, e "a negligência do estudo destas leis fundamentais favorece a introdução das formas de imposições mais destrutivas e leis positivas mais contrárias à ordem econômica e política".[17] Cabe, pois, à autoridade e aos legisladores estudarem e conhecerem bem a "ciência da natureza", observarem suas normas, a fim de garantir os maiores benefícios e a maior felicidade para a nação. Com isso, para os fisiocratas a forma de governo mais adequada é o *despotismo legal*, defendida por Le Mercier de la Rivière com as seguintes palavras: "onde quer que reine um conhecimento evidente e público da ordem natural e essencial, essa forma de governo é a mais vantajosa ao povo, porque estabelece um verdadeiro despotismo legal".[18]

Assim como a própria forma de governo é definida a partir de uma regra imutável, as *leis irrefragáveis* também prescrevem as formas materiais de produção de riquezas. Por isso, Quesnay reafirma não somente que a própria ordem da natureza oferece o arquétipo do melhor governo possível, mas que suas leis imutáveis asseguram a liberdade e a multiplicação das "riquezas necessárias à subsistência dos homens", fazendo com que os indivíduos tenham "a propriedade de suas riquezas e a segurança de suas pessoas".[19]

Para encerrarmos este terceiro capítulo, vale a pena lermos as próprias palavras empregadas por Quesnay para definir a "ciência econômica" em sua relação com o governo da sociedade e com as leis

17 QUESNAY, OC, II, *Despotisme de la Chine*, p. 1013.
18 RIVIÈRE, *L'ordre naturel et essentiel des sociétés politiques*, Segunda Parte, p. 51.
19 QUESNAY, OC, I, *Le Droit Naturel*, Cap. V, p. 123.

do direito natural. Leiamos o seguinte trecho do *Despotismo da China*:

> "É somente pelo livre exercício da razão que os homens podem fazer progressos na ciência econômica, que é uma grande ciência e a própria ciência que constitui o governo das sociedades. (...) As leis positivas que regulariam decisivamente a administração da cultura de terras, perturbariam o governo econômico do cultivador e se oporiam ao sucesso da agricultura: pois o cultivador sujeito à ordem natural não deve observar outras leis que não as leis físicas e as condições que elas lhe prescrevem; e também são estas leis e estas condições que devem regular a administração do governo geral da sociedade".[20]

Isto significa dizer que as regras econômicas responsáveis por formar a base da *ciência econômica* somente podem derivar de uma compreensão do jusnaturalismo fisiocrático. Em outras palavras, as leis de circulação, de obtenção do produto líquido, de produtividade, de renda, das relações entre proprietários e cultivadores, do papel da classe industrial e mesmo o lugar de incidência dos impostos, devem ser compreendidas em relação às prescrições das leis naturais e de suas determinações materiais ou físicas. O

20 QUESNAY, OC, II, *Despotisme de la Chine*, p. 1018.

economista, neste sentido, seria aquele que consegue compreender estas leis e aplicá-las sobre a sociedade para bem governá-la.

Em outras palavras, com a fisiocracia a política passa a ser uma administração das leis naturais, e o economista, que poderia muito bem ser representada pela figura do *filósofo*, é uma espécie de jurisprudente do direito natural. A legislação sobre o comércio e economia deve, dessa forma, garantir a reprodução das riquezas conforme estabelecido pela ordem natural física, fazendo respeitar a "ordem da reprodução e da distribuição regular e anual das riquezas do território de um reino".[21] Resta ainda compreendermos os motivos pelos quais a agricultura assume um papel primeiro e fundamental no pensamento econômico fisiocrático. Qual é, afinal, o conteúdo dos conceitos e processos econômicos que figuram no *Quadro*?

21 QUESNAY, OC, I, *Le Droit Naturel*, Cap. V, p. 122.

Capítulo IV

O *vinculum sacrum* da sociedade: as leis da economia

Ao examinarmos o *Quadro econômico* logo nos deparamos com uma série de termos: despesas produtivas, despesas estéreis, rendimentos, adiantamentos, produção e reprodução líquida, agricultura, indústria, dentre outros. Através dos zigue-zagues, estas noções se relacionam, buscando formar um conjunto coerente e fechado de ideias. No entanto, tendo em vista a proposital concisão do quadro, na imagem os conceitos não oferecem uma explicação ou um desenvolvimento que esclareça suas definições. Assim, é judicioso nos indagarmos os motivos pelos quais os fisiocratas decidiram empregar exatamente estes termos para compor a obra-prima que representaria sua doutrina.

Uma primeira pista para solucionar a questão é entendermos o *Quadro* como a síntese de uma ordem econômica pensada por um sistema filosófico.

Como já vimos no primeiro capítulo, fisiocratas como Baudeau definiam o quadro como a representação econômica da ordem natural. Para melhor compreendermos o que esta afirmação significa, a fim de explicarmos estes conceitos e explicitarmos como eles se ligam umbilicalmente à construção metafísica e jusnaturalista da fisiocracia, podemos começar recorrendo a algumas explicações pontuais feitas por Du Pont de Nemours.

Em uma nota do livro *Da exportação e importação de grãos* (1764), o *produto líquido* é definido como um excedente ou sobra que somente pode derivar da agricultura e do trabalho na terra – ou, como lemos nas adições incluídas na segunda edição do *Quadro econômico* (1759), das atividades da mineração e da pesca. O produto líquido, porém, não é derivado de qualquer espécie de trabalho: ele é, antes de tudo, um fruto da natureza, um movimento oferecido aos homens pela terra. Em última instância, trata-se de uma dádiva de Deus. Mais adiante, iremos explicar melhor este último ponto; no momento, lembremos que Quesnay chega a afirmar que "a terra é a única fonte de riquezas, e é a agricultura que as multiplica"[1], sendo que tudo aquilo que indica e garante uma competente ordem econômica e uma boa administração, tal como o aumento da população, a ampliação do comércio e indústria, a garantia do bom preço, o comércio inter-

1 QUESNAY, OC, I, *Maximes générales*, III, p. 567.

nacional, são corolários desta máxima. Ora, entre a diferença do valor das despesas feitas para o plantio (o que inclui adiantamentos, juros, investimentos em animais e máquinas etc.) e o valor recebido pela colheita, deve haver uma sobra. A venda ou troca desse excedente constitui o rendimento.

Como somente a agricultura pode oferecer um excedente, gerando produto líquido, a única classe que poderá ser rigorosamente chamada de *produtiva* é aquela que trabalha diretamente na terra. Já a classe que cuida do comércio, isto é, que transforma e troca uma matéria inerte, será por isso denominada de *estéril*. Por fim, a classe dos *proprietários* representa, como o próprio nome indica, aqueles que possuem título de propriedade da terra. Essa conexão entre conceitos explicará por que o produto líquido constitui, para Du Pont de Nemours, o *vínculo sagrado* da sociedade:

> "Como a agricultura é o único trabalho ao qual o Céu concorre sem cessar e que seja uma criação perpétua, enquanto o comércio e a indústria são somente uma manutenção e uma transformação das coisas já criadas, os produtos da agricultura que pelo comércio adquirem um valor venal são os únicos que fornecem um benefício líquido e real; isto é, que possa enriquecer um homem sem empobrecer outro. A partir do momento

que o valor da colheita reembolsou as despesas que a fizeram nascer, e que são necessárias para perpetuá-la, a sobra é o que constitui o *produto líquido* sobre o qual somente se pode determinar um *rendimento*. Esta sobra nada custa a ninguém, pois todos aqueles que se ocuparam dela foram pagos. Absolutamente, devemos ela ao solo, à Providência, à benevolência do Criador, *à chuva que Ele faz cair e que transforma em ouro*. Esta sobra, base de todos os rendimentos, é o grande laço, o *vinculum sacrum* da Sociedade".[2]

Esse parágrafo nos apresenta um belo exemplo de como a fisiocracia, para desenvolver seus argumentos e consolidar seu próprio sistema, realiza uma associação entre conceitos sociológicos, políticos, econômicos, dentre outros. Um elo fundamental dessa complexa cadeia de ideias é, como já pudemos observar, a metafísica. Sua função é ligada a um modelo fisiológico baseado na ideia de regeneração e a uma explicação do movimento dos produtos da terra. Uma semente, por exemplo, é impulsionada a crescer por um movimento, tornando-se um cereal como o trigo. Como vimos no segundo capítulo, os fisiocratas explicam o movimento dos corpos através

2 NEMOURS, *De l'exportation et de l'importation des grains*, p. 5, nota 1. O uso da expressão *vinculum sacrum* é também empregado para descrever outras noções econômicas, tais como o imposto (NEMOURS, *De l'origine et progrès d'une science nouvelle*, p. 351).

do ocasionalismo, isto é, a teoria segundo a qual deve existir uma causa eficaz para que as coisas se movam. A natureza bem ordenada é fruto dessa causa primeira e eficiente.

Construindo conceitos para o edifício da ciência econômica

A *Filosofia Rural*, uma das mais importantes parcerias entre Mirabeau e Quesnay, já atribuía de forma clara um papel especial à agricultura por se tratar da única atividade na qual o homem atua com a colaboração direta de um *associado* muito especial: Deus, produzindo os frutos da terra, fornece seu trabalho aos homens. Por isso, o trabalho do lavrador é o labor mais próximo possível da atividade divina. Mirabeau assim define a própria agricultura: "*manufatura de instituição divina*, na qual o *fabricante tem por associado o Autor da natureza*, o próprio Produtor de todos os bens e todas as riquezas; a ação produtiva e vivificante, que ele doou desde o instante de sua instituição (...)".[3]

De fato, a formulação dessas ideias, que para os leitores e leitoras contemporâneos talvez possa parecer um resquício metafísico desimportante para compreender o pensamento econômico fisiocrático, é, no entanto, essencial para a sustentação do sis-

3 MIRABEAU; QUESNAY, *Philosophie rurale*, t. III, p. 98 (grifo nosso).

tema e indispensável para a elaboração da ideia de produtividade exclusiva da agricultura. Isso significa dizer que a natureza, criação divina que antecede as diferentes formas reais de organização humana, oferece um trabalho gratuito incorporado às produções agrícolas, traduzido em termos de produtividade e de valor. Em seu livro *As palavras e as coisas* (1967), o filósofo francês Michel Foucault destaca esse fundamento metafísico da produção e do valor, ressaltando que, se é verdade que para os fisiocratas o trabalho do agricultor é também um processo que gera dispêndio e consumo, somente a agricultura (exclui-se, portanto, o comércio) é capaz de gerar um *aumento do valor que seja superior à manutenção daquele que produz*. Foucault completa dizendo para a fisiocracia "há um produtor invisível que não tem necessidade de nenhuma retribuição; é a ele que o agricultor se encontra associado sem o saber", afirmando em seguida que "no momento em que o lavrador consome o tanto quanto trabalha, este mesmo trabalho, por virtude de seu Co-Autor, produz todos os bens dos quais será subtraída a formação de valores".[4]

Para além do registro distintivamente metafísico, qual é propriamente o sentido físico que permite com que esse *trabalhador invisível* seja capaz de fornecer aos homens essa produção excepcional, a única capaz de gerar excedente? Já tendo elaborado sua teoria fi-

4 FOUCAULT, *Les mots et les choses*, p. 208.

siológica no *Ensaio físico sobre a economia animal* e mantendo contato com as teorias naturalistas de seu tempo, Quesnay se vale de conceitos como *regeneração, renascimento, reprodução, circulação,* para dar um lastro material e científico à sua concepção de "produção", "produto" e "produtividade". Trata-se de criar conceitos que expliquem como se realiza a capacidade de gerar, recriar e reproduzir matérias primas para a subsistência, dentro dos limites impostos pelo conteúdo físico do mundo.

A natureza do objeto sobre o qual o trabalho se aplica – se ele é capaz de regeneração e de um primeiro movimento –, e não sua *utilidade*, é o critério que permite distinguir os setores *produtivos* dos *estéreis*. Isso significa, por um lado, dizer que somente o setor agrícola e os trabalhos relacionados diretamente à natureza podem ser produtivos, pois estão ligados à regeneração ou reprodução material das coisas. Por outro lado, implica em afirmar que as outras classes em nada contribuiriam para a produção em si, já que um artesão-marceneiro, por exemplo, não teria a capacidade de produzir ou gerar a árvore e a madeira, mas somente a de trabalhar sobre esta matéria prima, alterando-a e dando a ela novas formas. A transformação da matéria, nesse caso, não participa de uma regeneração, e a rigor não gera produção ou reprodução.

Essa abordagem permite fazer com que o rótulo *estéril* perca, pelo menos parcialmente, o sentido aparentemente negativo ou pejorativo que carrega consigo. Afinal, ele não significa que os comerciantes ou artesãos sejam inúteis para a sociedade: na realidade, eles desempenham um papel crucial para a circulação de riquezas. Todavia, ao apenas modificarem a forma das matérias-primas, não trabalham sobre produtos dotados de capacidade de regeneração, realizando apenas *consumo* e *despesa*. Incapazes de participar do processo que Quesnay por vezes chama de "renascimento", são, por isso mesmo, considerados estéreis.

A *Filosofia Rural* apresenta uma analogia que pode nos ajudar a ilustrar como os paradigmas sobre o movimento, sobre a mecânica e sobre fisiologia interagem entre si para criar uma teoria da preeminência da produtividade da agricultura. No livro, a formação da sociedade é explicada através do trabalho de uma família que se divide em três classes. A primeira é representada pelos pais que garantem a ordem e a segurança, assegurando ainda que os filhos façam um trabalho "contínuo, bem ordenado e frutuoso"; a segunda, produtiva, é retratada como a parte da prole responsável pelos trabalhos agrícolas, garantindo a alimentação de todos; e a terceira trata-se dos filhos encarregados da conservação e preparação dos produtos, que podem inicialmente ser chamados de "industriais", pois, apesar de muito úteis, apenas trabalham sobre a matéria que recebem, transformando-a em comodidades para a vida. Por fim, mesmo o Estado será mais adiante definido como "uma multidão de famílias ligadas pelas mesmas leis políticas, que tem um ponto comum de reunião, de obediência ao direito público".[5]

Contudo, é importante notarmos que Mirabeau, privilegiando o critério de *produção* ao fazer uma análise dessa divisão familiar, acaba por enfatizar a superioridade da segunda classe sobre as outras: ela é a "mais indispensável", aquela que pode, sob certos aspectos, dispensar as duas outras classes, uma vez que providencia alimentos e subsistência à família inteira. O fisiocrata então nos esclarece que nessa "engrenagem tão bem montada", é possível sabermos "claramente de onde parte o movimento": da terra e do trabalho nela realizado. Em outras palavras, nessa analogia familiar e mecânica da ordem econômica da sociedade, o primeiro movimento que impulsiona o fluxo das coisas e anima o trabalho das outras classes vem propriamente da *terra*, considerada como exclusiva "fonte da produção", isto é, a única capaz de se regenerar incessantemente. Em contrapartida a essa definição, a terceira classe pode

5 MIRABEAU; QUESNAY, *Philosophie rurale*, t. I, p. 9. O verbete *Economia (moral e política)*, escrito por Rousseau para o quinto tomo da *Enciclopédia*, inicia recapitulando a etimologia grega da palavra *economia* (οἶκος, casa; νόμος, lei) e lembrando que, em geral, denomina-se o Estado de "governo da grande família". Em seguida, Rousseau realiza justamente uma crítica da confusão entre o governo da *família* (economia particular) e do *Estado* (economia pública).

ser chamada de *estéril*, pois apenas transforma a matéria prima, ou, nas palavras de Mirabeau, "embora se diga que ela produz a forma, produzir a forma é nada produzir, no verdadeiro sentido que damos aqui a esta palavra, e na realidade da coisa".

Ora, o trabalhador produtivo deve realizar um trabalho de regeneração junto à terra, operar com a matéria viva e em inicial movimento, para poder novamente realizar sua colheita no ano seguinte. Dessa forma, pelo cultivo agrícola é gerado um *rendimento*, definido como "o excedente do produto da terra para além daquilo que deve ser consumido em custo de exploração para ocasionar a colheita seguinte". Aqui, privilegia-se a analogia anatômica centrada no sistema circulatório, pois o caminho do rendimento, derivado do trabalho produtivo realizado pelos agricultores e circulando pela sociedade, é comparado ao *sangue* que percorre o *corpo*: o *revenu* "opera a circulação tão necessária à manutenção de um Estado como a do sangue é à vida do homem. Em breve veremos que a transferência [do rendimento] tem regras fixas cujo menor desarranjo abala a máquina, altera o rendimento, impede a reprodução". Poderíamos dizer que há tanto uma função regenerativa operada pelo corpo econômico quanto um curso definido em suas operações. E, de fato, mais adiante Mirabeau retoma estes temas para realizar uma leitura dos funcionamentos e da estrutura da ordem econômica sob o ponto de vista da circulação, descrevendo a composição e disposição dos elementos do corpo, mas, para além disso, a própria descrição das regras de funcionamento de cada um dos órgãos que o compõe. Mirabeau pretende fazer essa "dissecação" a fim de, analisando separadamente cada um dos sistemas que constituem o corpo social, melhor explicar seu funcionamento, suas relações, sua composição. Esse caminho servirá também para explicar o fluxo entre produção e despesas, já que estas obedecem a regras de circulação tais como a do corpo humano. O fisiocrata conclui seu raciocínio com as seguintes palavras:

> "É no emprego e na regeneração, isto é, na consumação perpétua e na reprodução, que consiste o movimento que condensa a sociedade, e que perpetua sua duração. É por isto que as despesas dão vida à reprodução, e que a produção repara as despesas. Esta circulação tem, como todas as outras, regras exatas de fluxo e de refluxo, que igualmente impedem e esgotam os canais, e suas obstruções. São estas as regras tão importantes a serem conhecidas, não para conduzir à intervenção de uma mão temerária nas condutas, cujo jogo natural depende unicamente da impulsão que lhe é própria, e que não sofrem nenhum auxílio estrangeiro, mas para evitar o que pode lhes prejudicar: são estas, digo eu, as regras tão impor-

tantes e, no entanto, tão pouco conhecidas, que nós iremos anatomizar".[6]

O conceito de *produção* é um caso notável de como os paradigmas das ciências naturais e os sistemas de filosofia oferecem modelos para a construção da ciência econômica, isto é, ambos servem como ferramentas para que a economia seja capaz de forjar noções com acepções muito precisas. Se voltarmos a analisar o *Quadro Econômico*, agora podemos entender melhor por que as classes "produtiva" e "estéril" são assim caracterizadas, e também compreender os motivos pelos quais a classe produtiva é a única capaz de obter o produto líquido, o excedente, e como esta categoria se liga a um processo de regeneração ou renascimento da matéria prima, a partir do trabalho na terra.

A *produção* também é um bom exemplo de como uma ideia é gerada para, em seguida, explicar outras etapas do processo econômico, formando um sistema de economia que dispõe de um vocabulário específico. Dessa forma, Quesnay pode elaborar frases sintéticas como esta: "a *classe produtiva* é a que faz renascer pelo cultivo do território as riquezas anuais da nação (...) [e a que] faz os adiantamentos das despesas dos trabalhos da agricultura e que paga anualmente os rendimentos

6 MIRABEAU; QUESNAY, *Philosophie rurale*, t. I, Cap. IV *La distribution des dépenses*, p. 101-102. As citações entre aspas nos parágrafos anteriores são encontradas, respectivamente, nas páginas 6, 7, 13-14, isto é, ao longo da parte inicial do primeiro capítulo da obra.

dos proprietários das terras".[7] A venda desses produtos indica a reprodução da riqueza de uma nação. Nesse sentido, o *consumo* pode ser definido como o oposto da produção, uma vez que se trata nada menos do que a "aniquilação de uma riqueza".[8] Quando um membro da classe estéril vende sua mercadoria, ele não produz, pois trabalha, por assim dizer, sobre um bem inerte ou morto para em seguida trocá-lo e garantir sua subsistência; dessa forma, ele apenas realiza despesa ou consumo. Isso ocorre porque um artesão, por exemplo, vende a matéria-prima que compõe o objeto e também seu labor: para Quesnay, o valor do trabalho é calculado como os custos e o dispêndio necessário para a subsistência e manutenção do indivíduo e de sua família. Em poucas palavras, ao nos referirmos à classe estéril devemos ter em vista que "aí só há consumo e absolutamente nada de produção".[9]

Esse ponto pode ser mais bem elucidado pelo verbete *Homens*. O texto defende que os indivíduos que exercem trabalhos que "fazem nascer as matérias das quais os homens têm necessidade"[10] são os verdadeiros produtores de riqueza de um reino. No entanto, quando o salário ganho com o trabalho realizado é gasto para comprar bens e garantir a subsistência do

7 QUESNAY, OC, I, *Analyse de la formule arithmétique du Tableau Économique*, p. 545.
8 QUESNAY, OC, II, *Réponse au mémoire de M. H. ...*, p. 838.
9 QUESNAY, OC, II, *Réponse au mémoire de M. H. ...*, p. 837.
10 QUESNAY, OC, I, *Hommes*, p. 295.

trabalhador e sua família, ele não gera nenhum tipo de riqueza. Tudo aquilo que estes homens ganham é consumido, não gerando excedente; por isso, no rigor dos termos fisiocráticos, não são produtivos. Para ficarmos com os próprios exemplos do verbete, lemos que "o fabricante que faz estofos, o costureiro que faz roupas, o sapateiro que faz sapatos, também não produzem riquezas tanto quanto o cozinheiro que faz o jantar de seu senhor, quanto um operário que corta madeira, quanto músicos que executam um concerto", pois, para Quesnay, estes trabalhadores "consomem tanto quanto produzem: o produto de seu trabalho é, então, igual ao custo que seu trabalho exige; disto não resulta nenhum excedente de riquezas".[11]

Contudo, tendo em vista o conceito de produção em sua relação com as formas de cultivo, surge um último ponto que devemos abordar, e que nos remeterá aos primeiros textos econômicos de Quesnay. Se o trabalho é consumo e a fertilidade da terra é suficiente, junto com o cultivo, para a geração do excedente, qual é propriamente o papel das diferentes modalidades e técnicas de trabalho agrícola?

Em outras palavras, devemos refletir sobre qual seria a relação entre a quantidade de obtenção do produto líquido frente às técnicas e instrumentos utilizados para o cultivo do solo. No verbete *Arrendatários*, vimos que Quesnay sustenta que a

11 QUESNAY, OC, I, *Hommes*, p. 295.

"grande cultura" ou cultura em escala, conduzida por arrendatários ricos que pagariam seus adiantamentos aos proprietários de terra, consistiria no empreendimento mais vantajoso para a sociedade. Diferente da "pequena cultura", na qual os meeiros dependem do proprietário para realizar seus serviços e trabalham geralmente em condições técnicas menos produtivas (utilização da força bovina no campo), na grande cultura os arrendatários possuem riqueza própria, utilizam melhores instrumentos para o cultivo (a força dos cavalos), garantem o maior benefício do produto líquido e do rendimento, e empregam, ainda, mão de obra camponesa para a colheita, melhorando, de forma geral, a vida da comunidade em todos os seus aspectos. Além disso, a riqueza levada ao campo através do empreendimento do arrendatário rico, realizador de grande cultivo, gera trabalho e aumento de bem-estar, ocasionando o crescimento da população camponesa e maior interesse pelo cultivo do solo. Por fim, o salário pago aos trabalhadores rurais oferecido pelo arrendatário é também um fator de motivação à "indústria" em oposição à "indolência", motivando a produção de riquezas e multiplicando a população. Quesnay é enfático quanto a essas vantagens: "são as riquezas dos *arrendatários* que fertilizam as terras, que multiplicam os animais, que atraem, que fixam os habitantes dos campos, e que fazem a força e a prosperidade da nação".[12] Isso significa dizer que, sem negar a exclusividade produtiva e regenerativa da agricultura, a partir de uma reflexão sobre a eficiência produtiva e a utilização da técnica, os fisiocratas sustentam que as formas de cultivo e o emprego de instrumentos para realizá-lo desempenham um papel fundamental para a obtenção do excedente e para o bem-estar político, social e econômico de uma nação. Em suma, é possível também pensarmos o aumento do produto líquido a partir de uma teoria do desenvolvimento técnico.

Com isso, o arrendatário não é caracterizado somente como um indivíduo rico capaz de investir seus recursos financeiros no campo. Ele é um *empreendedor*, definido como uma figura de inteligência, talento e liberdade suficientes para bem realizar suas atividades, e que dispõe dos melhores meios técnicos possíveis para fazê-las. Quesnay define-o com essas palavras: "não visamos aqui o rico arrendatário como um operário [*ouvrier*] que labora ele próprio a terra; é um empreendedor [*entrepreneur*] que governa e que valoriza seu empreendimento por sua inteligência e por suas riquezas".[13]

Para os fisiocratas, a possibilidade de empreender necessita de liberdade, isto é, de um contexto polí-

12 QUESNAY, OC, I, *Fermiers*, p. 156.
13 QUESNAY, OC, I, *Grains*, p. 185.

tico, social e econômico no qual os arrendatários, seguindo seus interesses particulares, contribuam de maneira eficaz para atender ao interesse de todos e, assim, criar um bem-estar geral. Com isso, tais indivíduos proporcionam vantagens simultaneamente ao Estado, à sociedade e à própria ordem moral.

Porém, é preciso lembrarmos que a fisiocracia não defende exatamente uma "harmonia espontânea" dos interesses, mas sim uma "harmonia natural". Essa diferença não é banal e marca um ponto incontornável de divergência entre os filósofos-economistas franceses e os filósofos-economistas escoceses. Afinal, o interesse particular do arrendatário não é um interesse orgânico, sem desígnios ou finalidades estabelecidas, pois ele converge para os preceitos da ordem natural física que determinam as regras de prosperidade e de produtividade da terra. Para Quesnay e seus seguidores, os interesses circulam sempre no interior de uma natureza totalizante, uma ordem fixa estruturada por leis naturais inalteráveis e que sempre garantem a *ordem evidentemente mais vantajosa ao gênero humano*. Portanto, é de *interesse geral do corpo social* (para utilizarmos os termos de Le Mercier de la Rivière) que os interesses particulares não infrinjam as leis da ordem. Ou, com termos semelhantes aos de Du Pont de Nemours, lemos o abade Baudeau defender que essa "harmonia natural" é sagrada:

"se o homem se desvia dos limites dessa *ordem* essencial, única e invariável, ele rompe necessariamente os laços sagrados que reúnem seus interesses privados ao interesse geral".[14]

14 BAUDEAU, "Avertissement de l'auteur", p. 18.

Conclusão

Fisiocratas, os semiólogos da ordem natural

Georges Weulersse, um dos primeiros a realizar um estudo minucioso e sistemático sobre a fisiocracia, evoca uma passagem de *Dissertação sobre a agricultura*, contida no terceiro tomo de *O amigo dos homens, ou tratado sobre a população*, de Mirabeau, para destacar a superioridade política da agricultura no interior do pensamento fisiocrático. Ela é considerada como o fundamento primeiro dos *bens morais e físicos*. Como podemos ler nas palavras do próprio marquês, a agricultura é a "fonte única de todos os bens físicos; é, também, dos bens morais, pois ela reúne o trabalho obstinado e a moderação dos desejos: reunião santa onde habita a verdadeira pedra de toque dos costumes".[1] Poderíamos igual-

1 MIRABEAU, "Mémoires sur l'agriculture". In: *L'ami des hommes*,

mente tirar um outro exemplo do próprio Quesnay, quando este afirma que são as leis da ordem natural "que asseguram o sucesso da agricultura, e é a agricultura que é a fonte das riquezas que satisfazem as necessidades dos homens, e que constituem as forças necessárias para garanti-las".[2] Os fisiocratas, com isso, operam uma síntese importante para a modernidade: a partir do jusnaturalismo, passam a fazer da economia uma ciência que orienta a política.

Tendo realizado a trajetória pela metafísica e pela teoria política de Quesnay e seus seguidores, já podemos afirmar com segurança que a escolha pela agricultura não é meramente circunstancial, acidental ou mesmo eminentemente econômica, mas uma decisão cujas raízes são filosóficas: a ênfase dos fisiocratas sobre o rendimento e a importância da agricultura não parece ser proveniente meramente de análises conjunturais do contexto histórico, uma vez que outros autores nesse mesmo período atribuíam maior importância ao comércio, como era o caso de David Hume ou François Véron Duverger de Forbonnais, ambos próximos do círculo dos filósofos enciclopedistas. Na fisiocracia, o destaque sobre as atividades agrícolas e sua exclusiva produtividade deriva sobretudo de uma formulação conceitual

ou Traité de la population, t. III, Part 5, Avertissement. Avignon: 1761. p. vi. A citação, destacada por Weulersse, encontra-se na página 245 de seu *Le mouvement physiocratique en France*.

2 QUESNAY, OC, II, *Despotisme de la Chine*, p. 1021.

acerca da natureza e da ordem física, bem como de um entendimento preciso sobre o corpo de leis constituintes do direito natural.

Da mesma forma, o próprio *Quadro econômico* e a ordem econômica que ele representa é um ponto culminante atingido pela doutrina fisiocrática. Sendo ele uma apresentação das representações geométricas da ordem natural econômica[3], quando despojado do arcabouço conceitual no qual é forjado seu sentido arrisca se tornar incompleto. Vimos ao longo dos capítulos que os próprios fisiocratas não cansaram de alertar seus leitores e críticos da importância da noção de ordem e direito natural para a compreensão da *ciência econômica*, vista não apenas como ciência das riquezas e sua circulação. De fato, os signos que compõem e explicam as setas e linhas do *Quadro* encontram seu significado pleno no solo conceitual cultivado pela fisiocracia. Ele é, portanto, um produto da elaboração de conceitos filosóficos.

As noções elaboradas pela metafísica e pela política fisiocrática serão instrumentos fundamentais para forjar a *ciência nova*, campo de conhecimento no qual o estudo das leis econômicas adquire uma posição central até então nunca observado nos sistemas de filosofia política. A partir destas noções compreendemos a maneira pela qual os fisiocratas

3 Cf. STEINER, *La « Science nouvelle » de l'économie politique*, p. 47 et seq.

derivam considerações econômicas que culminam com a circulação descrita no *Quadro Econômico*, em sua defesa da propriedade, em sua ênfase sobre o produto líquido, em sua argumentação pelos interesses dos arrendatários, sobre o papel do governo econômico e, enfim, sobre a própria importância atribuída à agricultura.

François Quesnay sempre ambicionou apresentar seu sistema como uma obra genuinamente *filosófica*. O fundador da fisiocracia não somente foi um criador de conceitos (para utilizarmos uma definição de Gilles Deleuze sobre o que é ser filósofo), mas também um pensador típico do período da Ilustração: indivíduo com grande talento para a reflexão, mas também pessoa de ação que não descuida de intervir no seu contexto social, intelectual e político.

Diante do legado metafísico e da herança jusnaturalista construídos nos séculos anteriores, Quesnay recebe e reelabora ambos para tentar construir sua economia política, isto é, para estruturá-la segundo uma nova linguagem capaz de explicar as interações entre natureza e sociedade. Essa fabricação de conceitos e o estabelecimento de uma linguagem específica foi, de fato, uma intenção manifestada pelo filósofo Quesnay. Em um trecho do segundo diálogo do texto *Sobre o trabalho dos artesãos*, lemos que os objetos na natureza não podem "desarranjar" a ordem física na qual se encontram inscritos, e que suas relações, entre si e com o todo, podem ser estabelecidas segundo “ideias abstratas”. Dessa maneira, Quesnay dispõe de um instrumento conceitual pelo qual pode relacionar o trabalho dos indivíduos a grupos gerais denominados *classe*. Com isso, ele conclui o seguinte:

> “A ideia de produção, ou de regeneração, que forma aqui a base da distinção entre as classes gerais dos cidadãos, é confinada dentro de limites físicos, tão rigorosamente reduzida à realidade que não mais se conforma às vagas expressões utilizadas na linguagem ordinária. Mas não cabe a ordem natural se conformar a uma linguagem que somente exprime ideias confusas e equívocas; cabe às expressões se conformar ao conhecimento exato da ordem natural, nas distinções rigorosamente submetidas à realidade”.[4]

A fisiocracia desejava, enfim, oferecer uma gramática que pudesse auxiliar os governantes e a sociedade a decifrar a ordem natural e suas normas, incluindo as leis da economia. No *Despotismo da China*, Quesnay esclarece que os indivíduos nada podem adicionar às leis naturais, cabendo a eles apenas interpretá-las, determinando seu significado de modo preciso e correto, a fim de evitar a desordem

4 QUESNAY, OC, II, *Sur les travaux des artisans*, p. 974.

social.[5] Com o exercício da razão e dos sentidos e com a aplicação ao estudo da natureza, seria possível conhecer as leis naturais e as regras que regem a ordem física. Nesse sentido, a teoria do conhecimento e a metafísica da fisiocracia são um primeiro e essencial pilar de sustentação do sistema. Em vista disso, competiria sobretudo aos governantes, aos legisladores e aos economistas trabalharem como verdadeiros *jurisconsultos da lei natural*, isto é, tendo como objetivo o conhecimento evidente e adequado das normas essenciais da natureza. Dessa forma, o direito natural forma o segundo pilar da teoria de Quesnay. Por fim, examinamos como a fabricação das noções fisiocráticas é alimentada por paradigmas distintos (ora mecânico, ora fisiológico, ora anatômico), capazes, entretanto, de transitar entre si para melhor explicar o funcionamento e interação entre os objetos analisados. Como pudemos destacar ao longo desse livro, isto significa dizer que as ciências naturais oferecem analogias e modelos para que a economia pudesse ser inventada.

Este trabalho de formação de conceitos que explicam a realidade deve, como argumenta Quesnay, proceder diretamente do conhecimento das leis físicas e ser realizado a partir da conformação da linguagem àquilo que a ordem natural prescreve. Em outras palavras, poderíamos afirmar que conhecer e aplicar as

5 QUESNAY, OC, II, *Despotisme de la Chine*, p. 1016 e ss.

determinações desse arranjo é uma tarefa semiótica – e os fisiocratas seriam, por excelência, os semiólogos da ordem natural e física, os enunciadores da ciência econômica. Portanto, a administração econômica de uma nação não é somente uma ciência ou uma execução de preceitos puramente analíticos, mas o instrumento de um sistema filosófico: ela garante, para a sociedade, a aplicação estrita dos preceitos da ordem da natureza.

Seleção cronológica das obras de Quesnay e outros fisiocratas

1730 • *Observações sobre os efeitos da sangria*, por Quesnay

1736 • *Ensaio físico sobre a economia animal* (1ª edição), por Quesnay

1744 • *Investigações críticas e históricas sobre a origem, os diversos estados e os progressos da cirurgia na França*, por Quesnay e outros

1747 • *Ensaio físico sobre a economia animal* (2ª edição, aumentada), 3 vol., por Quesnay

1750 • *Tratado sobre os efeitos e os usos da sangria*, por Quesnay

1756 • *Arrendatários* (tomo VI da *Encyclopédie*), por Quesnay
• *Evidência* (tomo VI da *Encyclopédie*), por Quesnay
• *O amigo dos homens, ou tratado sobre a população* (1756-1762), por Mirabeau

1757 • *Grãos* (tomo VII da *Enciclopédie*), por Quesnay
• Entre 1757 e 1758: redação do verbete *Homens* e *Impostos* (manuscritos publicados em 1908), por Quesnay

1758 • *Quadro econômico*, 1ª edição, por Quesnay
• *Questões interessantes sobre a população, a agricultura e o comércio*, por Quesnay

1759 • *Quadro econômico*, 2ª edição e 3ª edição, por Quesnay

1760 • *Quadro econômico com suas explicações* (em *O amigo dos homens*, sexta parte), por Mirabeau e Quesnay
• *Teoria do imposto*, por Mirabeau (com contribuições de Quesnay)

1763 • *Filosofia rural, ou economia geral e política da agricultura reduzida à ordem imutável das leis físicas e morais que asseguram a prosperidade dos impérios*, por Mirabeau (com contribuições de Quesnay)

1764 • *Da exportação e importação dos grãos*, por Du Pont de Nemours

1765 • *Observações sobre o direito natural dos homens reunidos em sociedades* (publicado no *Jornal da agricultura, do comércio e das finanças*), por Quesnay. O texto sofreu alterações e, renomeado como *O Direito Natural*, foi republicado na coletânea *Fisiocracia.*

1766 • *Análise da fórmula aritmética do Quadro Econômico da distribuição das despesas anuais de uma nação agrícola*, por Quesnay
• *Da utilidade das discussões econômicas*, por Le Trosne
• *Diálogo entre o Sr. H. e o Sr. N.*, por Quesnay
• *Observações sobre o comércio*, por Quesnay
• *Problema econômico* (também conhecido como *Primeiro problema econômico*), por Quesnay
• *Resposta à memória do Sr. H. sobre as vantagens da indústria e do comércio, e sobre a fecundidade da pretensa classe estéril, etc.*, por Quesnay
• *Segundo diálogo entre o Sr. H. e o Sr. N.* (publicado no *Jornal da agricultura, do comércio e das finanças*), por Quesnay. O texto sofreu alterações e, renomeado como *Sobre o trabalho dos artesãos*, foi republicado na coletânea *Fisiocracia.*

1767 • *Análise do governo dos Incas e do Peru*, por Quesnay
• *A ordem natural e essencial das sociedades políticas*, por Le Mercier de la Rivière
• *Despotismo da China*, por Quesnay
• *Elementos da filosofia rural*, por Mirabeau
• *Explicação do Quadro Econômico à senhora****, por Baudeau
• *Fisiocracia, ou constituição natural do governo mais vantajoso ao gênero humano* (1767-1768), coletânea de textos de Quesnay realizada por Du Pont de Nemours
• *Nota do editor à edição de janeiro de 1767 das Efemérides do Cidadão*, por Baudeau
• *Segundo problema econômico*, por Quesnay

1768 • *Carta sobre o comércio dos grãos*, por Mirabeau
• *Da origem e dos progressos de uma ciência nova*, por Du Pont de Nemours

1773 • *Investigações filosóficas sobre a evidência das verdades geométricas, com um projeto de novos elementos de geometria*, por Quesnay

1775 • *Cartas sobre a legislação, ou a ordem legal depravada, restabelecida e perpetuada*, por Mirabeau

1908 • Verbetes *Homens* e *Impostos* por Quesnay. Publicados na *Revue d'histoire des doctrines économiques et sociales*, n.º 1.

Recomendação de leituras

Os leitores e leitoras brasileiras dispõem de boas traduções dos textos fisiocráticos. O livro *Quesnay* (Ática, col. "Grandes Cientistas Sociais", v. 44, 1984), traz uma seleção dos escritos de Quesnay precedida por um excelente prefácio de Rolf Kuntz. A coleção *Os economistas* (Abril Cultural, 1983), também contém traduções de Quesnay. O catálogo da Editora Unesp conta com o volume *Fisiocracia. Textos selecionados* (Unesp, 2021), coletânea de textos fisiocráticos inéditos em português (incluindo Mirabeau, Du Pont de Nemours, Le Mercier de la Rivière, Nicolas Baudeau), cuja seleção e tradução foram realizadas por Leonardo André Paes Müller e Thiago Vargas.

A edição de referência para as obras de Quesnay é *Œuvres économiques complètes et autres textes (François Quesnay)*, editada pela Ined em 1958, republicada em 2005 com adições, revisões e aparato crítico inédito. A mais completa biografia de Quesnay, *La vie de François Quesnay*, escrita por Jacqueline Hecht, encontra-se no volume II desta última edição. Em português, Fernando Ribeiro e Nelson Mendes Catarino escreveram um artigo intitulado "Da fisiologia à economia política: o itinerário intelectual de Quesnay em direção ao *Tableau Économique*" (*Revista de Economia Política*, v. 36 (2), 2016), no qual realizam um histórico da recepção da fisiocracia e do desenvolvimento intelectual de Quesnay tendo como perspectiva a sua formação médica.

Sobre outras fontes primárias, Jean Cartelier faz, com foco no *Quadro econômico*, uma introdução à fisiocracia e organiza uma coletânea de textos intitulada *Physiocratie. Droit naturel, Tableau économique et autres textes* (Flammarion, 2008). Através do portal Gallica é possível consultar os jornais *Éphémérides du citoyen, ou Chronique de l'esprit national* e *Journal de l'agriculture, du commerce et des finances*. A *Collection des économistes* (Otto Zeller, 1966), de Eugène Daire, e a edição *Œuvres économiques et philosophiques de François Quesnay, fondateur du système physiocratique* (Jules Peelman, 1888), de Auguste Oncken, continuam a ser boas fontes de consulta.

Para uma bibliografia crítica em português, recomendamos *Capitalismo e natureza. Ensaio sobre os fundadores da economia política* (Brasiliense, 1982), pioneira tese de Rolf Kuntz sobre a filosofia da fisiocracia. Em *Lições de economia política clássica* (Huicitec, 1993), Mauricio Chalfin Coutinho oferece uma esclarecedora e didática introdução ao tema, incluindo um capítulo integralmente dedicado à escola de Quesnay. Luiz Roberto Monzani escreveu *Raízes filosóficas da noção de ordem nos fisiocratas* (*Discurso*, Filosofia USP, nº 44, 2014), artigo em que examina as fontes filosóficas e metafísicas da fisiocracia. O livro de Pedro Paulo Pimenta, *A trama da natureza. Organismo e finalidade na época da Ilustração* (Unesp, 2018), estabelece uma fecunda relação entre economia, antropologia e ciências naturais, associação analisada sob o prisma da filosofia.

Em francês, o livro *La « Science nouvelle » de l'économie politique* (PUF, 1998), de Philippe Steiner, é uma ótima introdução ao sistema da fisiocracia. O clássico *L'invention de l'économie au XVIIIe siècle. Du droit à la physiocratie* (PUF, 1992), de Catherine Larrère, oferece não apenas uma leitura filosófica do sistema de Quesnay, mas um amplo contexto do surgimento da economia política na França do século XVIII. Didier Deleule, em seu livro *Hume et la naissance du libéralisme économique* (Aubier Montaigne, 1979), dedica preciosas páginas a analisar os conceitos filosóficos operados pelos fisiocratas. Georges Weulersse e seu *Le mouvement physiocratique en France, 1756-1770* (Alcan, 1910, 2 vol.) permanece sendo uma excelente fonte de consultas.

Para leitores e leitoras já iniciados e que buscam um uso da fisiocracia pela filosofia contemporânea dedicada à epistemologia, política e economia, o filósofo Michel Foucault consagra páginas à fisiocracia em *Les mots et les choses. Une archéologie des sciences humaines* (Gallimard, 1966; em português: *As palavras e as coisas*, trad. Salma Tannus Muchail, Martins Fonte, 2002) e em *La naissance de la biopolitique* (Seuil/Gallimard, 2004; em português: *O nascimento da biopolítica*, trad. Eduardo Brandão, Martins Fontes, 2008). Por fim, em inglês recomendamos a excelente edição de Ronald Meek, *The economics of physiocracy* (George Allen and Unwin, 1962).

Bibliografia

FONTES PRIMÁRIAS

Salvo indicação contrária, as citações das obras de François Quesnay referem-se à edição *Œuvres économiques complètes et autres textes*, por Christine Théré, Loïc Charles e Jean-Claude Perrot, publicadas em dois tomos pelo *Institut national d'études démographiques* (INED), Paris, em sua edição de 2005. A notação utilizada para essa obra foi: QUESNAY, OC, seguido pelo número do tomo, título da obra e página. Para a referência completa: QUESNAY, François. *Œuvres économiques complètes et autres textes*. 2 vols. Ed. C. Théré, L. Charles e J.-C. Perrot. Paris: INED, 2005.

BAUDEAU, Nicolas. "Avertissement de l'auteur". In : *Éphémérides du citoyen, ou Chronique de l'esprit national*, t. I. Paris: Nicolas Augustin Delalain et Lacombe, 1767.

HUME, David. "Letter to Morellet (n. 431)". In: *Letters*, v. 2 (1766-1776), ed. J. Y. T. Greig, Oxford: Oxford University Press, 1969.

LE TROSNE, Guillaume-François. *De l'utilité des discussions économiques*. Paris: Institut Coppet, 2014.

LOCKE, John. *Two treatises of government*. Ed. Peter Laslett. Cambridge: Cambridge University Press, 1988.

CONDILLAC, Étienne Bonnot de. *Ensaio sobre a origem dos conhecimentos humanos/Arte de escrever*. Trad. Pedro Paulo Pimenta. São Paulo: Unesp, 2018.

MIRABEAU, Victor Riquetti de; QUESNAY, François. *Philosophie rurale, ou, Économie générale et politique de l'agriculture, réduite à l'ordre immuable des lois physiques et morales, qui assurent la prospérité des empires*. 3 tomos. Amsterdam: Libraires Associés, 1763.

MIRABEAU, Victor Riquetti de. "Mémoires sur l'agriculture". In:

L'ami des hommes, ou Traité de la population. Avignon: 1761.
NEMOURS, Pierre Samuel Du Pont de. "Article préliminaire". In: *Œuvres économiques complètes et autres textes* (François Quesnay), *Observations sur le droit naturel des hommes réunis en société*, t. I. Paris: INED, 2005.
______. "Discours de l'éditeur". In: *Physiocratie*. Leyde/Paris: Merlin, 1768-1769.
______. *De l'exportation et de l'importation des grains*. 1764. Paris: Paul Geuthner, 1911.
______. *De l'origine et progrès d'une science nouvelle*. Ed. Eugène Daire. Osnabrück: O. Zeller , 1966.
______. *Maximes du Docteur Quesnay*. Ed. Eugène Daire. Osnabrück: O. Zeller, 1966.
______. "Tableau économique". In: *Journal de l'agriculture, du commerce et des finances*, T. V, Troisième Partie. Paris: Juin 1766.
QUESNAY, François. *Observations sur les effets de la saignée*. Paris: Charles Osmont, 1730.
______. *Recherches philosophiques sur l'évidence des vérités géométriques*. Amsterdam, Paris: Knapen&Delaguette, 1773.
SAY, Jean-Baptiste. "Histoire abrégée des progrès de l'économie politique". In: *Cours complet d'économie politique pratique*. Troisième édition. Bruxelles: H. Dumont, 1837.
RIVIÈRE, Le Mercier de la. *L'ordre naturel et essentiel des sociétés politiques*. Collection des économistes et des réformateurs sociaux de la France. Paris: Paul Geuthner, 1910.
ROUSSEAU, Jean-Jacques. "Discours sur l'économie politique". In: *Œuvres complètes de Jean-Jacques Rousseau*, t. III, Paris: Bibliothèque de la Pléiade/Gallimard, 1964.

FONTES CRÍTICAS

COUTINHO, Mauricio Chalfin. *Lições de Economia Política Clássica*. São Paulo: Hucitec, 1993.
FOUCAULT, Michel. *Les mots et les choses. Une archéologie des sciences humaines*. Paris: Gallimard, 1966.
GOUTTE, Pierre-Henri. "Évidence, Ordre Naturel et Science

Économique dans l'Œuvre de Quesnay". In: *Ordre, Nature, Propriété*, pp. 119-179. Éd. Gérard Glotz. Lyon: Presses Universitaires de Lyon, 1985.

HIRSCHMAN, Albert O. *The passions and the interests: political arguments for capitalism before its triumph*. First Princeton Classic Edition. Princeton, New Jersey: Princeton University Press, 2013.

KUBOTA, Akiteru. "Quesnay, disciple de Malebranche". In: *François Quesnay et la physiocratie*, t. I. Paris: Ined, 1958.

KUNTZ, Rolf. *Capitalismo e Natureza. Ensaio sobre os fundamentos da economia política*. São Paulo: Brasiliense, 1982.

LARRÈRE, Catherine. *L'invention de l'économie au XVIIIe siècle. Du droit à la physiocratie*. Paris: PUF, 1992.

______. "Malebranche revisité: l'économie naturelle des physiocrates". In: *Dix-huitième Siècle*, n°26, 1994. Economie et politique. pp. 117-138.

MARX, Karl. "Theories of surplus value". In: *Marx & Engels, Collected Works, 1861-1863*. Vol. 30. New York: International Publishers, 1975.

MEEK, Ronald L. *The economics of physiocracy*. London: George Allen and Unwin, 1962.

MONZANI, Luiz Roberto. "Raízes filosóficas da noção de ordem nos fisiocratas". In: *Discurso* (USP), n.° 44, São Paulo, 2014.

SCHUMPETER, Joseph. *A history of economic analysis*. Great Britain: Routledge, Taylor & Francis e-Library, 2006.

STEINER, Philippe. *La "Science nouvelle" de l'économie politique*. Paris: PUF, 1998.

VARGAS, Thiago. "Das leis da natureza à ordem econômica. Direito natural e fisiocracia". In: *Discurso* (USP), v. 49, n.° 2, São Paulo, 2019.

______. *Trabalho e ócio: um estudo sobre a antropologia de Rousseau*. São Paulo: Alameda/Fapesp, 2018.

WEULERSSE, Georges. *Le mouvement physiocratique en France (de 1756 à 1770)*. 2 tomos. Paris: Félix Alcan, 1910.